マクロ経済学

式部　信

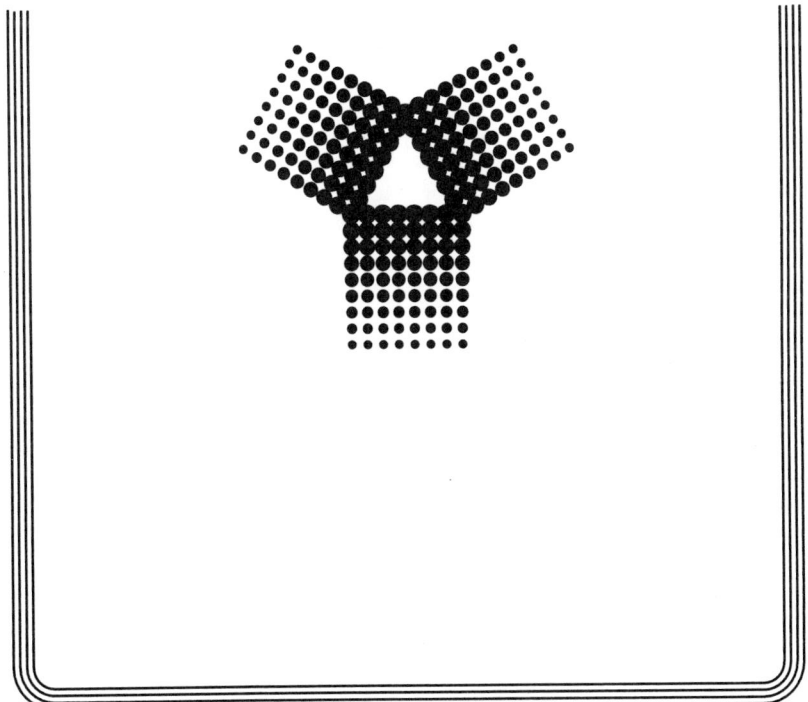

大学教育出版

まえがき

　本書は，大学の教養科目「経済学」の講義用テキストとして書かれた，マクロ経済学の概説書である。読者として，経済についてごく初歩的な知識しかもたない大学 1・2 年生を想定している。

　本書を読むのに高校の「現代社会」や「政治・経済」で学んだこと以上の予備知識は必要としない。また，本書には特別にむずかしい議論は含まれていないから，経済についてこれまでほとんど勉強したことがない人でも授業にきちんと出席して，第 1 章からじっくりと読み進めていけば，マクロ経済に関する基本的な理解が得られるはずである。ただし，本書では，実際の講義（週 1 回・15 週の半年講義）で十分消化できる内容量とするために，テーマをしぼり，マクロ経済学の最も基礎的な部分の解説に限定することにした。また，同じくスリムな本にするという目的で，本文中で参照する図表も必要最小限のものに限った。したがって，本書を読んでいくうちに，もっと詳しく知りたい事柄がいろいろと出てくるだろう。そのときは，講義のなかで紹介される参考文献などを使って，さらに勉強を進めてほしい。

　本書は，導入部となる最初の短い章を含めて，全部で 8 章からなりたっている。本書による講義では，1 回 90 分の講義時間を 15 回使って，すべての章を読みおえる予定である。このうち最後の講義時間は最終試験にあてる予定であり，したがって，ほぼ 2 週間をかけて 1 章を読むという授業計画である。これは社会科学関連の本を読むのが苦手な人にとっても，さほど大きな負担にはならない進度だと思う。講義の進行にあわせ，内容をしっかり理解しながら，最後まで本書を読み通してほしい。また，本書によるマクロ経済学の講義では，受講者に対して，本書の内容に準拠した「マクロ経済基本問題集」を配布する予定である。マクロ経済に関する理解をより確かなものとするため，本書とあわせて，その問題集もぜひ有効に活用してもらいたい。

　さて，経済の低迷がながびくなか，日本では数年前から，雇用問題が一つの社会問題として多くの人々の関心を集めるようになった。新聞や雑誌には「雇用の危機」，「雇用破壊」，「雇用不安」，「賃金切り下げ」などの見出しがおどり，テレビでは「大失業時代の到来」が盛んにいわれている。たしかに失業率は期を追うごとに上昇し，戦後最悪の水準を更新し続けている。しかも，このような状況は今後も続くと予想されており，国際的に見て例外的に低い，といわれたこの国の失業率であるが，それはもはや過去の出来事のように思える。

　雇用不安や失業問題は中高年においてとくに深刻である。しかしもちろん，それらは中高年だけの話ではない。いわゆる「就職浪人」の増大が物語るように，いまや雇用問題は

若い人々にも重くのしかかってきている。実際，年齢別に見て失業率が最も高いのは，大学新卒者を含む15歳から24歳までの人々である。

　大学新卒者をめぐる最近の厳しい就職状況を見れば，学生のあいだにも雇用への関心が高まって当然である。わたしはそのように考え，本書を執筆するにあたって雇用問題に力点をおくことにした。もちろん雇用を無視したマクロ経済学はあり得ないが，雇用という側面をとくに強調しているのは本書の特徴点の一つである。経済全体の大きな動きを見すえながら，自分の将来の仕事や暮らしについてあれこれと考えてみる。本書が若い読者にそうした作業への一つのきっかけを与えることができたとすれば，それは筆者とって大きな喜びである。

　ところで，本書は数年前に上梓した拙著『マクロ経済論の基礎』の増補改訂版である。訂正した箇所や補足した項目は多岐にわたるが，とくに大きく改めた部分は，前著においてきわめて不十分な展開にとどまった，貨幣と金融に関する解説である。まず，形式の面では，解説の項目数や分量を大幅に増やすとともに，それらを一つの新しい章としてまとめた。さらに重要な変更点は，いわゆる内生的貨幣供給説の考えに基づいて，議論の内容を根本的に書きあらためたことである。貨幣と金融に関する解説が一新されたことで，全体の議論もより理解しやすいものになったはずである。また，この改訂増補を機会に，本書のタイトルもより直截で親しみやすいものに改めることにした。

　最後に，執筆にあたっては，前著と同様，二つの点をとくに心がけた。第1に，叙述がわかりやすいこと。第2に，全体のすじだてがはっきりした議論であること。また，議論をまとめる際には，実際の講義をイメージしながら，できるだけ受講時に役立つトピックスを多く含むよう，論点の取捨選択に留意したつもりである。それでもなお，本書には不十分な点が数多く残されているだろう。わかりにくい点や疑問点があれば，遠慮なく指摘してほしい。議論の中身に対する批判はもちろん，文体や言葉使いに関するコメントも歓迎する。　本書は文字通り手作りのテキストであるが，読者とのさまざまなやりとりを通じて，今後さらに改善されていくことを，筆者は心から願っている。

　　　2003年3月20日

　　　　　　　　　　　　　　　　　　　　　　　　　　　　　　　　　　　式部　信

目次

まえがき ·· 1

第1章 マクロ経済学の課題 ·· 7
    ミクロ経済学とマクロ経済学
    マクロ経済学と政治経済学
    マクロ経済と国民経済
    本書の構成

第2章 マクロ経済の測定 ·· 11
 2.1 マクロ経済と産出量　11
    総生産物と粗生産物
    粗生産物と純生産物
    GDP（国内総生産）
 2.2 総所得と総支出　15
    総所得の分配
    総支出の構成
    マクロ経済と各部門の収支バランス
 2.3 マクロ経済と経済成長　19
    名目GDPと実質GDP
    経済成長の要因
    経済成長と制度

第3章 マクロ経済の仕組み ·· 25
 3.1 総供給と総需要　25
    セイの法則
    マクロ的不均衡と調整過程
 3.2 総供給　27
    生産過程の諸条件
    総供給と雇用
    総供給と総所得

3.3 総需要　31
　　　総需要の構成要素
　　　消費支出
　　　投資支出と政府支出
　　　総需要と雇用
3.4 雇用水準の決定　34
　　　総供給と総需要の一致
　　　貯蓄・投資・利潤
　　　マクロ経済の調整と均衡
3.5 乗数の働き　37
　　　雇用乗数
　　　産出乗数と利潤乗数

第4章　マクロ経済政策の展開(1) ……………………………………41
4.1 雇用と総需要　41
　　　失業と賃金
　　　失業と政府の役割
　　　赤字支出
4.2 政府支出と雇用　46
　　　赤字支出による雇用拡大
　　　乗数効果と独立支出
　　　赤字支出と政府の負債
4.3 投資決定の仕組み　49
　　　証券投資と実物投資
　　　投資の決定因(1)－期待利潤率－
　　　投資の決定因(2)－実質利子率－
　　　投資と利潤
　　　投資と利子率

第5章　マクロ経済政策の展開(2) ……………………………………57
5.1 貨幣と経済　57
　　　貨幣の働き
　　　現金と預金
　　　貨幣の諸類型
5.2 貨幣と銀行制度　61

　　　　　　預金の受け入れ
　　　　　　貸し出しと預金創造
　　　　　　銀行準備
　　　　　　現金の供給
　　　　　　中央銀行当座預金の供給
　　　5.3　中央銀行と金融政策　66
　　　　　　中央銀行の機能
　　　　　　金融政策の目標
　　　　　　金融政策の手段
　　　　　　金融政策・金利・貨幣供給量

第6章　マクロ変動とマクロ政策 ………………………………………71
　　　6.1　マクロ経済の変動　71
　　　　　　景気循環
　　　　　　景気循環と総需要
　　　　　　下向きの乗数過程
　　　6.2　景気とマクロ政策　75
　　　　　　景気政策
　　　　　　自動的安定化
　　　6.3　景気と利潤　76
　　　　　　利潤率の決定因
　　　　　　景気と労資関係
　　　　　　高雇用と収益性の悪化
　　　　　　景気回復と収益性
　　　　　　景気循環の金融的側面

第7章　マクロ経済と物価 ………………………………………………85
　　　7.1　物価指数と物価の動き　85
　　　　　　消費者物価指数と企業物価指数
　　　　　　GDPデフレーター
　　　　　　現代の物価動向とインフレーション
　　　　　　インフレ率
　　　7.2　インフレーションの仕組み　90
　　　　　　マークアップ価格
　　　　　　インフレーションと失業

7.3 インフレーションの被害　94
　　名目所得と実質所得
　　インフレーションの所得再分配効果
　　インフレーションと実質総生産
　　インフレーション抑制のコスト

第8章　マクロ経済の国際面 ･･････････････････････････99
　8.1 マクロ経済と貿易　99
　　　開放経済の総需要
　　　国際収支－経常収支と資本収支－
　　　純輸出と対外純投資
　　　純輸出の推移
　8.2 純輸出と国内所得　102
　　　開放経済の均衡雇用水準
　　　景気と純輸出
　8.3 純輸出と国際競争力　104
　　　相対価格と為替レート
　　　相対価格の決定因
　　　純輸出と相対価格の動き
　　　為替レートと純輸出
　　　為替レートと利子率
　8.4 雇用と純輸出　111
　　　純輸出と貿易政策
　　　開放経済とマクロ政策

参考文献 ･･114

索引 ･･115

第1章　マクロ経済学の課題

　マクロ経済学では何を学ぶのだろうか。また，マクロ経済とは何のことだろうか。この本では，以下，順を追って，マクロ経済学の基本的な考え方を解説していくことにするが，本論に入る前に，まず，この本を通してどんなことを学ぶかについて，かいつまんで紹介しておこう。

ミクロ経済学とマクロ経済学
　マクロ経済学のマクロとは何だろうか。マクロとは，いうまでもなく，ミクロ経済学のミクロに対応する言葉である。ミクロもマクロもともにギリシャ語を語源とする言葉であるが，ミクロにはとても小さいという意味が，反対にマクロにはとても大きいという意味がある。経済学を形容するのに，こうした正反対の意味の言葉が使われるのは，この二つの経済学が同じ経済現象を取り扱いながら，それぞれ対照的な研究手法をとっているためである。

　まず，ミクロ経済学が関心をむけるのは，経済のシステムを構成する個々の経済単位の働きである。ミクロ経済学では，個人，家計，企業などといった資本主義経済を動かしている基本的な経済主体（経済単位）に着目して，その活動様式やそれらの相互依存の姿を明らかにする。ミクロという言葉は経済をなりたたせている個々の構成単位の動きをこと細かく見ようとする分析スタイルを表現している。

　一方，マクロ経済学が関心をむけるのは，個々の経済主体の動きではなく，それらが合成されてできる経済システム全体の動きである。無数の経済主体の活動によってつくりあげられた一つの経済システム全体を指してマクロ経済と呼ぼう。この全体的機構がどのような仕組みで動いているかを明らかにすることがマクロ経済学の課題である。マクロという言葉には経済全体を大きく俯瞰しようとする分析スタイルが表現されている。

　以上のような区分に基づいて経済学を大きく二つの分野にわけるやり方は，今日，一般に広く受け入れられている。とくに，ミクロ経済学とマクロ経済学の区分けは経済学の基礎教育の場では広く採用されている。

　ただし，ミクロとマクロの区分という考えはもともと経済学にあったものではない。経済学者のなかには，現在でも，経済学をミクロ経済学とマクロ経済学とに区分けすることにはあまり意味がないと考える人は少なくない。また，ミクロ経済学とマクロ経済学との分業が有効だと考える人もしばしば現状への強い不満を表明する。両者の理論的な関係に必ずしもしっくりいかない部分を感じているからである。

このようにミクロ経済学とマクロ経済学の区分という考えの背後にはいくつかの難しい問題が潜んでいる。しかし，経済学の初級講座でそれらの点を詳しく議論する必要はないだろう。当面は，上で述べた研究対象や接近方法の違いが理解されていれば十分である。以下でも，この問題にはあまりとらわれずに，マクロ経済学の基礎理論の解説を進めていくことにしよう。

マクロ経済学と政治経済学

以上，マクロ経済学で何を学ぶかについて述べたが，さらに具体的にいうと，一般につぎの四つがマクロ経済学の中心的テーマであると考えられている。

（1）経済成長　（2）景気循環　（3）失業　（4）インフレーション

もとより，これらの経済問題に対する経済学者の見方は実にさまざまなものがあり，マクロ経済学の基礎理論といっても，決して一つの確定した考えがあるわけではない。では，本書は一体どのような考え方に基づいてマクロ経済学を講じようとしているのだろうか。つぎにその点を簡単に説明しよう。

本書を特徴づけるのは，一言でいうと，政治経済学の視点である。政治経済学の視点というのは，少しむずかしく述べると，生産過程をめぐる人々の立場の違いが，不平等な権力配分に基づく集団的な利害対立を生みだし，それが資本主義経済の動きを大きく規定している，という考えである。以下では，そのような視点から，とくに資本家（雇用主）と労働者（雇用者）との対抗関係に注目して，マクロ経済の動きをとらえていくであろう。

政治経済学の視点から資本主義経済をとらえる場合，きわめて重要な意味をもつのが「利潤」という概念である。利潤（profit）は資本主義経済の根幹をなす企業活動の原動力であると同時に，労資の対抗関係によって大きく規定されているからである。また，雇用をめぐる動向が企業の利潤形成に強い影響を及ぼすという意味で，「失業」という概念も重要である。「利潤」と「失業」は本書の議論を支えるキーワードとなるだろう。

ただ，同じ経済学の概念も，ミクロで見るか，マクロで見るかによって，それが指示する内容はいくぶん違ってくるので，注意が必要である。例えば，利潤について語る場合，普通，それは個々の企業に関する話である。これに対して，マクロ経済学でとりあげようとするのは，個々の企業の利潤や利潤率ではなく，経済全体の利潤や利潤率である。一般に経済全体で集計（aggregate）された経済変数のことを集計的経済変数というが，この本において注目するのは，そうした集計的経済変数としての利潤や利潤率の動きなのである。

ミクロとマクロの視点の違いは失業についても同様にいえる。失業（unemployment）というのは，労働者が働く能力と意思をもっているにもかかわらず適当な仕事を見つけることができず，働いてお金を稼ぐことができない状態のことである。しかし，本書が問題にしようとしているのは，個々の労働者の労働市場における境遇ではなく，経済全体として見た雇用量や失業率の動きである。

マクロ経済と国民経済

これまでの説明によると，マクロ経済学は，経済全体を研究対象とみなし，さまざまな経済的集計値を用いてその作動メカニズムを研究しようとする経済学である。しかし，そもそも経済全体という場合の経済とは，どのようなまとまりのことだろうか。マクロ経済学では，普通，日本，米国，中国などある特定の国を想定して，その国の経済を一つのまとまりをもった独立の経済システムと考え，その全体的な動きを研究する，というのがその答えである。つまり，一つの国の国内経済全体を指してマクロ経済と呼ぶのである。

日本経済，米国経済，中国経済などのように，国という枠組みによって経済のまとまりをとらえるのは，いたって常識的な見方であり，上の説明はすんなりと受け入れることができるだろう。ただし，こうした常識的な見方も，時として経済に関する誤った理解を導くことがあるので，注意が必要である。というのも，資本主義経済は，本来，一国の枠におさまらない広がりをもった経済システムだからである。とくに近年のいわゆる経済のグローバル化を考えると，経済の動きを一国的な枠組みでとらえることの限界を意識しておくことは重要である。

とはいえ，経済学自身はもともと，経済の国民的システム（一般に国民経済と呼ばれる）というものを前提にして，どうすれば国民の生活を豊かにすることができるかを考え，その望ましい運営方法を追究する学問として生まれた。経済学がかつて「ポリティカル・エコノミー」と呼ばれたのはこのためである。この場合の「ポリティカル（political）」とは国家ないしは国全体という意味の言葉である。マクロ経済学はそうした経済学の伝統的な問題関心を受け継いでいる。

また，この点についてはつぎのように考えることもできる。マクロ経済学では，上の説明からもわかるように，経済のマクロ的な運営にとって何が課題であるかを明確にして，そのために必要な手だてについて議論する。つまり，政策課題や政策効果の検討がマクロ経済学の重要な部分を占めているのである。マクロ経済の適正な運営を目的に行われる政策のことを，マクロ経済政策あるいは単にマクロ政策と呼ぶ。そうした政策を実行するのはほかでもなく各国の政府である。少なくともいまのところ，マクロ経済政策を実行できる経済主体としては，主権国家という権力基盤をもつ政府以外の存在は考えられない。このようにとらえると，政策問題を取り扱うマクロ経済学が一国経済を対象とするのはきわめて自然である。

ところで，政府の政策決定のプロセスに大きく関与してくるのが政治とくに国内政治の動向である。この場合の「政治」は上述の政治経済学の「政治」よりも広い意味に理解すべきであるが，いずれにしても，政策の展開には何らかの利害対立が絡むのが普通である。したがって，政策実行者としての政府の働きをとらえようとすれば，各国の政府が国内の政治的対立関係をどのような立場にたって，どのようなやり方で調整・収拾しているのか，

という点を明確にしておくことが必要だろう。その意味でマクロ経済学にはおのずと政治経済学の視点が求められるのである。

　もちろん，マクロ経済学は一国の国内経済の動きに関心をむけるからといって，その国の経済の対外的な側面が無視されるわけではない。人々の国際的な経済活動も国民経済の重要な一部であり，当然，マクロ経済学のスクリーンの上に映し出されるからである。本書では，輸入や輸出などの集計量によって国際的な経済取引をとらえ，それが一国の国内経済の動向とどのように関係しているかを明らかにするだろう。

本書の構成

　以上，マクロ経済学がどのような経済問題をとりあげるかを明らかにした。また，本書がどのような特徴点をもつかについても解説した。マクロ経済学の課題が明らかにされたところで，あらためて，本書の内容を簡単に紹介しておこう。

　まず，本書の中心的な論点はつぎの三つに要約される。(1)一国の生産（雇用）水準はその国の財・サービスに対する全体的な需要の大きさに依存して決まる。弱い需要は生産（雇用）水準の低下を招き，旺盛な需要は物価上昇への圧力を生む。(2)国内需要の大きさは所得分配によって左右される。賃金の分け前が増えると，消費が刺激され，需要は拡大する。反面，利潤率を悪化させるため，投資が抑制され，需要は縮小する。(3)賃金と利潤との分配を決めるのは労働者と資本家との力関係である。

　また，本書の議論はつぎのような順序で展開される。第2章では，第3章以下で展開される理論に対する準備のための議論を行う。この章は，まず，マクロ経済学の最も基本的な概念である「総生産」をとりあげ，その意味を明確にする。ついで，この概念との関連で，マクロ経済が成長していくためにはどのような条件が必要かを明らかにする。

　第3章では，マクロ経済の生産水準や雇用水準が，経済全体をめぐる需要と供給の力によってどのように決まるかを明らかにする。この章はマクロ経済理論への導入部である。

　第4章は，第3章の議論に基づき，マクロ経済政策の基本的な考え方を解説する。この章では，財政政策の仕組みが明らかにされるだろう。

　第5章では，資本主義経済においてきわめて重要な役割を演じる貨幣や銀行制度について解説する。また，それらとの関連で中央銀行による金融政策の意義を論じる。

　第6章は景気循環の問題をとりあげる。この章では，景気の変動がどのような事情で起こるかを明らかにし，それへの対応策を検討する。

　第7章は物価について考える。この章では，実際の物価動向を調べた後，とくにインフレーションの原因や結果について検討する。

　第8章はマクロ経済の国際面について検討を加える。この章では，国際的な経済関係がマクロ経済政策の展開にさまざまな制約をかすことを明らかにする。

第2章　マクロ経済の測定

マクロ経済学では，前章で述べたように，マクロ経済の動きをとらえるためにさまざまな集計概念を用いる。そのなかでとくに重要なものが総生産という概念である。これは経済の全体的な活動水準を表す代表的な集計量であり，マクロ経済学の最も基本的な概念である。この章では，次章への準備作業として，総生産とそれに関連するいくつかの概念について説明する。

2.1 マクロ経済と産出量

マクロ経済の活動水準はどのようにとらえることができるだろうか。ある国の経済全体の活動水準はその産出量によって，言い換えれば，ある一定期間内（例えば1年間）に生みだされた生産物（財・サービス）の全体的な大きさによって示すことができる。では，人々が生みだした生産物全体の大きさはどのようにとらえることができるだろうか。以下，その方法について順を追って説明していこう。

総生産物と粗生産物

さて，ある国の経済が1年間に生みだした生産物をすべてまとめ，その全体量を総生産物と呼ぶことにしよう。「ある国の（経済が生みだした）生産物」という言葉は，一般に，国内生産物（その国の国内でつくられた生産物）を指す場合と，国民生産物（その国の国民がつくった生産物）を指す場合があるが，そのどちらを想起するかによって，生産物全体の大きさには違いが生じる。ここでは，前者の視点に基づき，国内生産物の総量について考えることにする。国内生産物には普通，その請求権が外国人（国内に居住していない人）に属す生産物も含まれる。

ところで，国内には多くの産業(industry)があり，一口に国内生産物といっても，そのなかには用途や素材の異なるさまざまな種類の生産物が含まれている。では，国内生産物の総量をとらえようとする場合，多種多様な生産物をどのようにして集計するのだろうか。

種類の異なる生産物を集計するためには，まず，それらを価値(value)という共通の秤量単位で測ることが必要である。また，資本主義経済では一般に生産物は市場で売り買いされ，そのことを通じて，1個＝100円，1個＝1ドルなどのように，価格という具体的な価値表現を与えられる。したがって，生産物の大きさを，それぞれの価格に基づいて，円やドルといった共通の貨幣単位（金額）で測り，それらを総計する，というやり方が国

内生産物の総量をとらえるための最も便利な方法だろう。この方法によると，例えば，価格が100円の甲という生産物を1個，価格が10円の乙という生産物を10個，そして価格が1円の丙という生産物を100個生産した場合，甲，乙，丙の生産量はそれぞれ100円となり，全体の生産量は300円（100円×1 + 10円×10 + 1円×100）になる計算である。ここでもそのような集計方法を考え，市場で販売され，市場価格で評価された国内生産物の価値の総計額を指して総生産物と呼ぶことにしよう。

以上の説明によると，総生産物は今期生産されたすべての国内生産物をその価額に基づいて単純に合計したものである。ところが，この集計値では国内の経常的な生産水準を正しく表現することはできない。なぜなら，この総生産物の額には今期使われた原材料や燃料などの価額も算入されており，今期の生産水準(current output)と考えた場合には，明らかな水増し計算といえるからである。

例えば，以前に生産され，今期原材料として用いられた国内生産物は今期の総生産物に含まれることになるが，実際には今期の生産物ではない。今期の国内生産量を正しくはかるには，それらの生産物を総生産物から取り除いて考える必要がある。

一方，今期生産され，今期原材料として利用された生産物は今期の生産物である。ところが，これらの生産物は原材料として別の生産物に使われた後，再び販売される，という関係がある。そうした生産物は，今期再販売されることのない生産物と違って，それを原材料とする別の国内生産物の生産額に生産費用の一部として吸収され，そこに含まれることになる。前者を中間生産物(intermediate product)といい，後者を最終生産物(final product)というが，この二つをそれぞれ足し合わせて国内生産物の総量を求めたのでは，重複計算になってしまうであろう。

そこで，総生産物から今期原材料として使われた国内生産物を除いたものを考え，それを粗生産物と呼ぶことにしよう。すなわち，

　　　粗生産物＝今期の総生産額－今期の原材料総額

である。

また，上の説明からもわかるように，粗生産物は今期国内で生産された最終生産物の総計である，ともいえる。今期新しく生みだされた国内生産物の総量をとらえるには，明らかに，総生産物よりも粗生産物の方が適当である。

以上，一国の生産水準を示す基本概念として，総生産物と粗生産物という二つの概念を明らかにした。この二つはそれぞれに経済全体の生産水準を表しているが，両者の違いをさらに明確にするために，以下では，簡単な数値例を使って，総生産物と粗生産物の関係をとらえてみよう。

さて，農業，製粉業，製パン業の三つの産業からなるきわめて単純な経済を想定しよう。この経済ではそれぞれの産業によって小麦，小麦粉，パンの三種類の生産物が生産されているが，各産業の連関はつぎのようである。まず農業が小麦を生産する。製粉業はその小

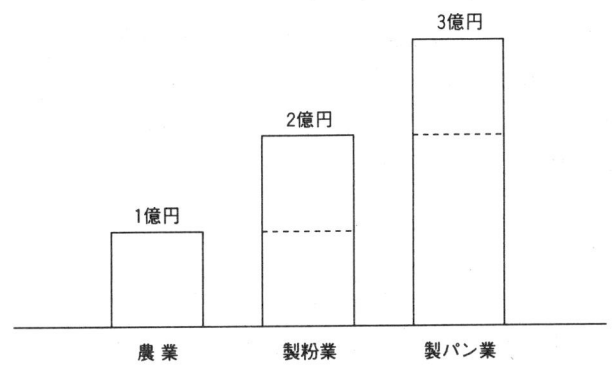

注： 総生産物＝1億円 ＋ 2億円 ＋ 3億円 ＝ 6億円。
　　粗生産物＝6億円－（1億円＋2億円）＝3億円。

図2-1　総生産物と粗生産物

麦を原料にして小麦粉を生産する。さらに製パン業はその小麦粉を原料にしてパンを生産する。最後に，こうして生産されたパンが人々に販売される。この経済では小麦と小麦粉は中間生産物であり，パンが最終生産物である。

上の図2-1は各産業の生産額を棒グラフで表したものである。図に記されているように，今年の農業，製粉業，製パン業の生産額はそれぞれ1億円，2億円，3億円である。なお，本来なら農業でも原料が使われているはずであるが，ここでは話を簡単にするため，農業では原料が使われておらず，したがって，小麦の生産額1億円のうちには原料費は含まれていないと考えよう。

上の定義に従うと，三つの産業の生産額を単純に合計したものがこの経済の総生産物である。したがって，総生産物は6億円ということになる。一方，この額から製粉業で原料として使われた小麦の生産額（1億円）と，製パン業で原料として使われた小麦粉の生産額（2億円）を除いたものが粗生産物である。したがって，粗生産物は3億円である。この額が最終生産物であるパンの生産額に等しくなることは図から明らかだろう。

ところで，中間生産物であれ，最終生産物であれ，生産物を購入するためにはお金が入用である。この経済では各産業の生産物を購入するために必要な一定額のお金はどのように賄われるのだろうか。ここでは簡単につぎのように考えよう。

まず，製粉業者はあらかじめ1億円を保有している。製粉業者はそのお金で農家から原料の小麦を購入し，それで小麦粉を生産する。小麦の売り上げ1億円はそのまま農家の所得となり，農家はそれをパンの購入にあてる。製パン業者もまたあらかじめ2億円を保有している。製パン業者はそのお金で製粉業者から小麦粉を購入する。これにより製粉業者

のもとには2億円が還流する。2億円の売り上げのうち原料費として支払われた1億円を除いた1億円が製粉業者の所得であり，製粉業者はそれをパンの購入にあてる。製パン業者が生産したパンはこうして農家と製粉業者によりそれぞれ1億円ずつ購入され，残りは製パン業者自身によって購入される。その結果，製パン業者には売り上げとして3億円が還流し，このうち原料費として支払われた2億円を除く1億円が製パン業者の所得となる。生産と所得と支出の関係については以下であらためて取りあげる。

粗生産物と純生産物

　これまでの説明によって，粗生産物という概念が経済全体でつくりだされた生産物の総量を表していることが明らかになった。ところが，粗生産物の「粗」というのは英語の「グロス(gross)」にあたる語である。グロスは「ネット(net)」に対応する言葉であり，「正味ではない」という意味合いがある。実際，粗生産物は，今期の生産に使われて消耗したはずの道具や機械，建物など固定的な生産手段の機能を考慮していない点で，正味の生産量を示すものではない。固定的生産手段というのは，1回(1年間)の生産では完全には消耗しない生産手段のことである。

　では，正味の経常的生産量，つまり今期本当の意味で新しくつくられた生産物の総量を測るにはどうすればいいだろうか。そのためには，粗生産物からさらに生産過程で消耗した固定的生産設備に相当する価値を除いた純生産物というものを考える必要がある。この価値の減耗分を固定資本減耗(depreciation)と呼ぶと，純生産物はつぎのように表される。

　　　　　純生産物＝粗生産物－固定資本減耗

　純国内生産物は今期国内で新しく生みだされた価値の総額であり，この方が粗国内生産物よりも正確に一国の生産水準を表している。ただ，固定的生産設備の減耗分をマクロ的に測定することは大変むずかしい。こうした事情もあって，マクロ経済学では，普通，今期新たに生みだされた生産物の総量を粗国内生産物によって大まかにとらえるやり方がとられている。本書でもそのやり方に従い，マクロ経済の経常的な生産水準を表す集計値として粗国内生産物を用いることにしよう。

ＧＤＰ

　さて，粗国内生産物の簡略表現がGDP（ジー・ディー・ピー）である。GDPは新聞やテレビなどでもよく目にする経済用語の一つであるが，「粗(gross)」，「国内(domestic)」，「生産物(product)」を意味するそれぞれの英語の頭文字をとってできた言葉である。ただし，つぎの点に注意してほしい。GDPが普通，日本語で「国内総生産」と呼ばれている点である。この本でも一般的な用語法に従って，GDPを指して総生産と呼ぶことにするが，国内総生産の「総」は，上で定義した「総生産物」の「総」の意味ではなく，あくまでも粗生産物の「粗＝グロス」の意味で使われている点を銘記しておこう。

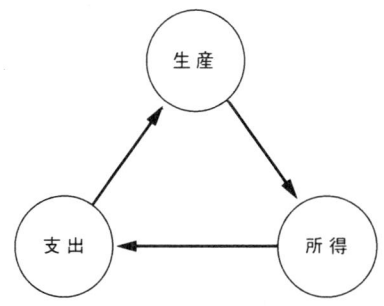

注：矢印は依存関係を示す。

図2-2　GDPの三つの面

　以上により，GDPが国内生産物の総量を表すことが明らかになったが，この説明は，言うならば，GDP（国内総生産）という概念を生産物（output）の観点からとらえたものである。ところが，GDPは，今期国内で生産され，実現された（実際に取り引きされた）最終生産物の価値の総額であるから，それは生産過程に何らかの形で関与した人々のあいだで分配されて，いずれかの人の所得（income）になるはずである。さらに，そうして分配された所得はそれらの人々によって生産物を購入するために支出（expenditure）されるだろう。図2-2はこうした関係を図で表したものである。この図に明らかなように，GDPは生産の観点からだけでなく，所得や支出という観点からもとらえることができる。

2.2　総所得と総支出

　では，GDPは所得として国内生産物の生産に関係した人々のあいだでどのように分配されるのだろうか。また，分配された所得はどのように支出されるのだろうか。以下では，それらの点について解説する。まず，分配の面から見よう。

総所得の分配
　資本主義経済で生産に関与する人々の立場は大きく二つにわかれる。資本を所有して生産を組織する資本家の立場と，労働力を提供して直接労務作業にたずさわる労働者の立場である。生産が行われると，生産物のなかから労働者には賃金（wage）が支払われ，資本家は残りのものを利潤（profit）として受け取る。労働者と資本家が生産過程でのそれぞれ

の機能に応じてその成果を所得として分け合うのである。この機能的所得分配の観点から見ると，GDP は大きく賃金所得と利潤所得とに二分される。ただし，この場合の利潤は正味の利潤(net profit)ではなく，減価償却(depreciation allowance)，すなわち固定資本減耗に対する引き当てを含む粗利潤(gross profit)である。

　一方，資本主義経済を構成する基本的な経済組織として家計(household)と企業(firm)がある。前者は人々が生活するための組織であり，後者は人々が生産するための組織である。これらの経済単位を所得を受け取る経済主体と見なすことができる。例えば，労働者の家計は賃金所得を受け取り，それを生活のために使う。これに対して利潤所得はその一部を配当，利子などの形で資本家の家計が受け取るとともに，残りの部分は企業が自らの所得として内部留保し，生産に関わるさまざまな用途に流用する。

　ところで，本書では，前章で説明したように，家計や企業と並ぶ第三の経済主体として政府(government)の役割にも関心をむける。その政府も実はGDP の分配に関与してくる。政府は住民に直接・間接に税(tax)を課して，今期の国内生産物の一部を受け取っているからである。

　税金にもいろいろな種類があるが，一般に税金はその徴税方法に応じて大きく直接税と間接税とに分類される。直接税は所得税や法人税など税金の負担者から直接徴税するタイプの税金である。それに対して，消費税などの間接税には，納税義務者と担税者（実際に税金を負担する者）とが異なるという特徴がある。マクロ経済学の観点から見ると，直接税は分配された賃金所得や利潤所得に対する課税である。一方，間接税の場合，その税金分は納税義務者である生産者（企業）が原材料費などと同じように生産費用(cost)として計上し，生産物の価格に上乗せする。あるいはそれを支払金(disbursement)として利潤から控除することもある。

　以上の機能的所得分配と政府による課税の二つを考慮すると，

　　　　GDP ＝賃金＋利潤＋税

である。ただし，この式の税は間接税と直接税をあわせた税額であり，賃金や利潤は直接税を差し引いた後の額である。これは分配面からみたGDP を表現している。

　では，こうして分配された所得はどう使われるのだろうか。所得は今期の生産物を購入するため何らかの形で支出されると考えよう。そうすると，所得の総計（総所得）は支出の総計（総支出）に等しくなる。総支出は総所得に等しく，総所得は総生産に等しいのであるから，GDP は国内生産物に対する最終支出の総計と考えることができる。ここで「最終支出」といっているのは，GDP では原材料など中間生産物への支出は考慮される必要はないからである。そこでつぎに，国内生産物の購入先について考えてみよう。

総支出の構成

　国内生産物はどのような購入者によって，どのような目的で購入されるだろうか。生産

物の購入者を民間部門(private sector)，政府部門(public sector)，対外部門(foreign sector)の三つに分けて，総支出の構成をとらえてみよう。

　まず，民間部門の生産物購入であるが，それらは大きく消費支出と投資支出とにわけられる。消費支出(consumption)というのは，おもに家計が生活のために今期の生産物を購入することである。消費には食料，衣料，家庭雑貨の購入だけでなく，家電製品，自家用車，家具などのようにかなり長期間にわたって使用される耐久財(durable goods)の購入も含まれている。また，医療サービス，娯楽施設の入場料などに対する支出もこの項目である。消費支出は，たいていの場合，GDPの最も大きな割合を占める支出項目である。

　一方，投資支出(investment)とは，民間の企業が今期の最終生産物を次期以降の生産や販売のために購入することである。企業による投資は大きく設備投資(fixed investment)と在庫投資(inventory investment)の二つのタイプに区分される。設備投資とは道具，機械，建物などの資本財を次期以降の生産のために購入することをいう。それに対して在庫投資は，完成品，仕掛品，原材料などを企業が次期以降の生産や販売のために在庫として確保することを意味する。

　ところで，投資支出には，住宅投資と呼ばれる，企業の在庫投資や設備投資とは別の支出項目がある。これは住宅建設に関連する支出であり，そのほとんどは家計による新築住宅の購入であるが，住宅が資本財に似た性格をもつなどの理由から一般に投資として分類されている。

　国内生産物に対して支出するのは民間の企業や家計だけではない。これら民間の経済主体に加え，政府(国や都道府県，市町村)もさまざまな生産物を購入する。そのなかには，学校，病院，道路もあれば，戦車や大砲もある。さらに政府は米などの基礎食料を購入したりもする。一方で政府は人々を公務員として雇い入れ，さまざまな種類の公共サービスを広く社会に提供する。例えば，教育，警察，消防などは政府自身の活動によって直接生産されたサービスであり，国内生産物の一部をなしている。政府が供給するサービスの総量はそれに要する費用(公務員給与＋中間投入＋減価償却)の大きさによって測られることになるが，住民が授業料・水道料金などの形で直接負担するのはその中のごく一部である。残りの大部分は政府自身が消費するものとみなされる。

　政府はこのようにさまざまな生産物を購入する経済主体である。政府が行うさまざまな種類の支出を一括して政府支出(government spending)と呼ぶことにしよう。これに対して，政府による社会保障給付や補助金支出などは生産物に対する支出ではなく，政府が民間に対して行う対価のない支払いである。これらは移転支出(government transfers)と呼ばれ，政府支出とは見なされない。

　さらに，外国との取引がある場合には，以上の消費支出，投資支出，政府支出に加え，国内生産物に対する外国の支出，すなわち輸出(exports)という新たな支出項目を考える必要がある。また，それとは反対向きの，外国生産物に対する国内の支出の流れ，すなわち

輸入（imports）もあわせて考慮する必要があろう。輸入は国内の支出ではあるが，国内生産物への支出ではないから，国内生産物に対する最終支出を得るためには，輸入を国内の消費，投資，政府支出の合計から取り除かねばならない。なお，輸入には最終生産物だけでなく，今期国内で原材料として用いられる外国生産物に対する支出も含まれる。

以上の話をまとめると，国内生産物に対する最終支出の総計，すなわち国内総支出は，

$$\text{GDP}＝消費＋投資＋政府支出＋輸出－輸入$$

である。ここでさらに，輸出超過（輸出マイナス輸入）を純輸出（net exports）と呼ぶことにすると，

$$\text{GDP}＝消費＋投資＋政府支出＋純輸出$$

となる。純輸出は輸出と輸入の差額であるから，一般に貿易収支（balance of trade）と呼ばれるものにほかならない。その値はプラス（輸出＞輸入）にもマイナス（輸出＜輸入）にもゼロ（輸出＝輸入）にもなる。上の二つの式は，支出面からみたGDPを表す。

マクロ経済と各部門の収支バランス

上で述べたように，総支出は総所得に等しい。したがって，これまでの議論から，

$$賃金＋利潤＋税＝消費＋投資＋政府支出＋輸出－輸入$$

が成り立つ。これを書き換えると，

$$\{（賃金＋利潤）－（消費＋投資）\}＋（税－政府支出）＝輸出－輸入$$

である。この式について検討してみよう。

上式の左辺の第1項は企業や家計の所得（賃金所得＋利潤所得）と支出（消費支出＋投資支出）との差額であるから，企業と家計からなる民間部門の収支バランスを示す。同様に第2項は税収と政府支出の差額であるから，政府部門の収支バランスを示す。一方，右辺は純輸出であるから，貿易収支すなわち対外収支バランスを表す。したがって，この式によると，民間部門と政府部門の収支バランスの合計はつねに対外部門の収支バランス，すなわち貿易収支に等しい。

いうまでもなく，マクロ経済全体の収支がバランスしても，各部門の収支はつねにゼロとなるわけではなく，さまざまなケースが考えられる。例えば，いま賃金と利潤の合計が消費と投資の合計を上回り，民間部門の収支バランスがプラスであるとしよう。このとき輸出と輸入がバランスしているとすると，かならず政府支出は税収を上回り，政府部門の収支はマイナスになる。税収を上回る支出は例えば民間部門からの借り入れ（borrowing）によってまかなわれるだろう。つまり，政府部門の支出超過に対して，民間部門からそれに等しい額の貸し出し（lending）が行われることになる。そのケースとは逆に，民間部門の収支がプラスで政府部門の収支が均衡しているとすると，輸出が輸入を上回り，対外部門の収支はかならずプラスとなる。

一方，民間部門の収支バランスがマイナスとなっている場合はどうだろうか。この支出

超過は他部門からの借り入れによって可能になるが，このとき政府部門の収支がバランスしているとすると，貿易収支はかならず赤字となる。逆に，貿易収支がバランスしている場合には，政府部門では税収が支出を上回り，政府の収支は黒字となる。

2.3 マクロ経済と経済成長

異なる年の GDP を比較すれば，その国の生産水準が時とともにどう変化したかを知ることができる。また，GDP は人々が暮らしに用いることのできる財・サービスの大きさを示すから，GDP を国内総人口で割って得られる，1 人あたり GDP（GDP per capita）の動きを見ることによって，その国の人々の平均的な暮らしぶりが時とともにどう変わったかを知ることができる。また，共通の通貨（ドル）で表示された各国の 1 人あたり GDP を見ることで，生活水準の国際比較を行うこともできる。

図 2-3 はここ 25 年間余りの日本の GDP の推移を示すグラフである。この図からは日本経済の生産規模が段々と大きくなってきたことがわかる。このように経済活動の規模は年とともに拡大していくのがマクロ経済の通常の姿であると考えられるが，GDP のそうした変化を経済成長(economic growth)という。反対に，GDP が前年よりも小さくなる事態を指してマイナス成長などと呼んでいる。また，GDP の変化率のことを経済成長率，あるいは単に成長率という。

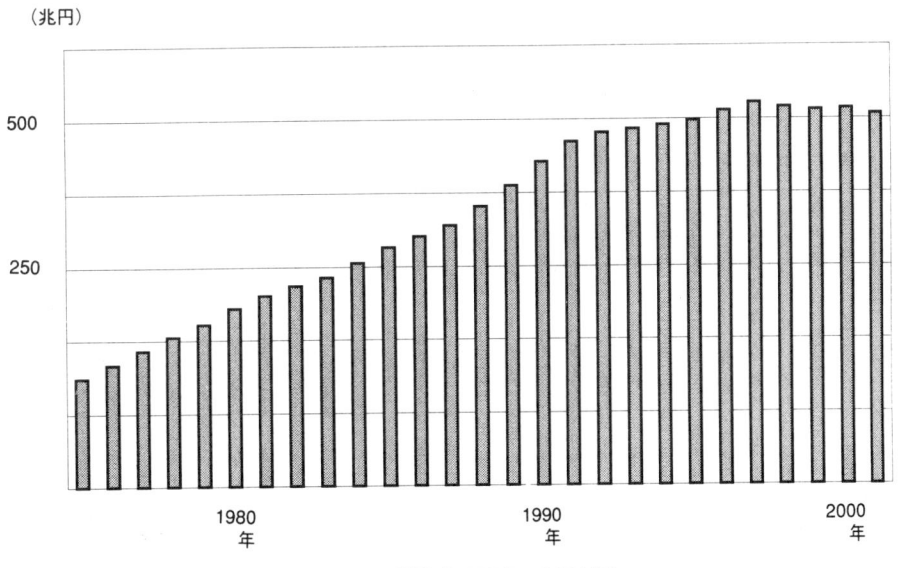

図2-3　GDPの推移（1975年〜2001年）

なお，マクロ経済学では経済成長率をはじめとして集計的変数の変化率に関心を向けることが多い。変化率というのは変化の度合い，すなわちその変数がある一定期間内にどの程度の割合で変化したかを示すものであるが，例えば，ある経済変数 x が 1 年間に Δx だけ変化した（$x \to x + \Delta x$）とすると，その年の変化率は $\Delta x / x$ で表される。

名目GDPと実質GDP

ところで，異なる年の GDP を単純に比べることでマクロ経済の成長を測る，以上のやり方には，重大な欠陥がある。というのは，GDP は物価水準によって大きく左右されるからである。物価水準(price level)とは生産物全体の平均的な価格水準のことである。例えば，生産物の価格がのきなみ上昇し，それが持続しているような場合には，GDP の変化はマクロ経済の生産水準の変化を水増しして表すことになるだろう。では，この難点を避けるためにはどうすればいいだろうか。

GDP の大きさを実質値でとらえる必要がある。実質値というのは GDP の名目値を物価水準の変化を考慮にいれて修正した値である。具体的には，GDP をその年の物価ではなく，基準となる年の物価で測ることによってその数値は得られる。生産物の価格は変化してないと考えて，GDP の大きさを計算し直すのである。実質タームで見た GDP，すなわち基準年の価格で測った GDP を実質 GDP(real GDP)という。これに対して，その年の価格で測った GDP を名目 GDP(nominal GDP)という。

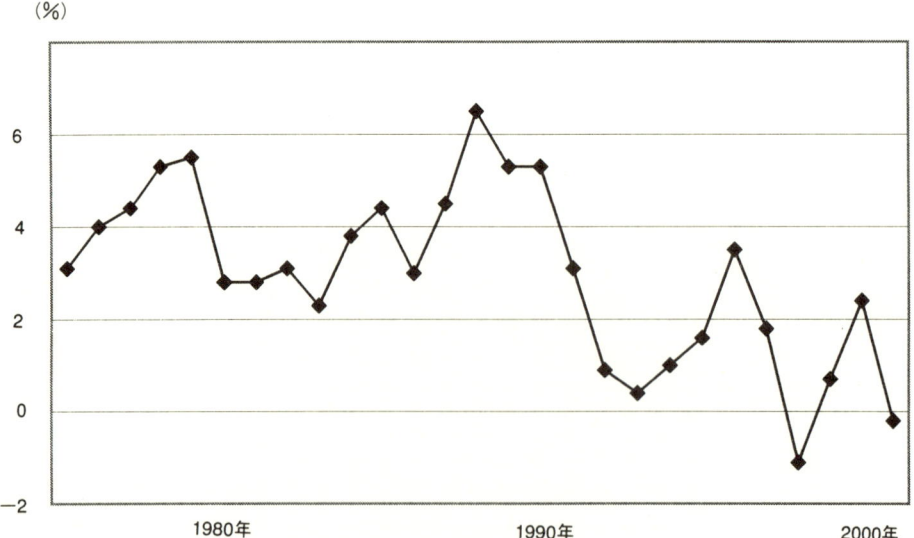

図2-4　実質成長率の推移（1975年〜2001年）
資料：内閣府『経済財政白書』平成14年版

例えば，基準年の物価水準を 1 とし，今年の物価水準を P とすると，今年の名目 GDP と実質 GDP との間にはつぎのような関係がある。

$$\text{名目 GDP} = P \times \text{実質 GDP}$$

また，この関係式から，近似的に，

$$\text{名目 GDP 成長率} = \text{物価の変化率} + \text{実質 GDP 成長率}$$

という関係が成り立つことがわかる。なお，$z = xy$ で，x と y が 1 期間にそれぞれ Δx, Δy だけ変化したとき，$\Delta z = (x + \Delta x)(y + \Delta y) - xy$ であるから，Δx と Δy がともに小さな値をとる場合には，$\Delta z / z \fallingdotseq (\Delta x / x) + (\Delta y / y)$ である。

経済成長のほんとうの姿を知るには，名目 GDP よりも実質 GDP の方が適当だろう。そこで今度は，名目 GDP ではなく，実質 GDP の数値を使って，日本経済の成長の様子をあらためてとらえなおしてみよう。

前のページに掲げた図 2-4 は実質成長率の推移を示すグラフである。この図からは成長率がその年々によってかなり大きく変動していることがわかる。成長率がその年々によって変化するのはどうしてだろうか。この点は第 3 章以下の議論によって徐々に明らかにされるだろう。一方，この期間全体を通してみると，マイナス成長の年があるものの，日本経済は確実に成長を遂げてきている。これは，多くの人々にとって，期待通りの望ましい出来事であろう。

では，長期的な観点から見て，経済成長の決め手となるのは何だろうか。経済成長の源泉は，いうまでもなく，その国の潜在的な生産能力の向上である。以下，経済成長の要因について検討してみよう。

経済成長の要因

生産活動にはインプットとしての資源が必要である。生産資源が豊富にあれば，それだけ多くの資源を生産活動に投入できるから，その国の潜在的な生産能力は高まる。生産資源が増加することは，したがって，経済成長の第 1 の決め手である。では，生産資源の増加にはどのような事情が関係してくるだろうか。生産過程に投入される資源を人的資源と物的資源にわけて考えてみよう。

生産活動に投入される人的資源とは労働力のことであり，経済の潜在的な生産能力を決定する要因の一つは国内の労働力人口の大きさである。労働力人口 (labor force) と呼ばれるのは，15 歳以上（65 歳未満）の生産年齢人口のうち，働く能力と意志をもった人々のことである。生産年齢人口に占める労働力人口の比率を労働力率 (participation rate) という。労働力人口とは異なり，就学，家事，障害，老齢などの理由で仕事に就く意志や能力をもたない人々は非労働力人口と呼ばれる。

国内の労働力がどれだけ増えるかは最終的に人口増加率で決まるが，労働力人口の大きさを左右する要因として国内人口の規模や年齢構造よりも重要なのは，労働力率すなわち

生産活動への参加率である。誰もが制約なく働けるような社会環境を整え，人々に生産活動への参加を促すことはその国の生産能力を向上させるための有効な手段であると考えられる。ただ一方で，生産力を高めるために政府が出産を奨励したり，生産への動員を推進したりすることは，社会的に見て必ずしも好ましいこととはいえない。また，人々の生産活動への参加率を無制限に高めることは実際には不可能である。

マクロ経済にとっては，労働力の量的側面だけでなく，労働力の質的側面も重要である。労働者の生産能力は労働力の質によって大きく左右されるからである。労働力の質というのは，その人が保有する技能，知識，意欲の水準を表す言葉である。技能，知識，意欲が高ければ，その人の生産能力はそれだけ高くなると考えられる。したがって，国内の労働者の質が全体的として高まれば，当然，その経済の生産能力は増大するだろう。

では，どうすれば国内の労働力人口の質を高めることができるだろうか。人々が生産に役立つ知識，技能，態度を身につけるのは教育，訓練，経験を通じてである。そして，それらは多くの場合，実際の生産活動のなかで行われる。したがって，労働力の質を高めるには，単に一般的な教育機会の拡充をはかるだけでなく，できるだけ多くの人々が生産活動に参加して訓練機会を享受できるよう，雇用環境を整えることが重要だろう。教育や訓練を通してそれぞれの人が蓄えた知識や技能は，いずれ高い報酬となって返ってくることから，人的資本(human capital)と呼ばれることもある。

生産過程には人的資源とともに，生産手段として原材料や道具，機械，建物などの物的資源が投入される。物的資源とは，いいかえれば，資本財(capital goods)のことである。国内にある資本財が豊富になれば，労働者1人1人が利用できる資本財の量は増大する。この結果，労働者の平均的な生産能力は向上し，その国の生産力も高まる。

では，資本財が増えていくためには何が必要だろうか。資本蓄積，すなわち投資が必要である。投資とは，繰り返しになるが，今年の生産物の一部を来年以降の生産活動のために再投入することを指す。その場合，資本財がほんとうの意味で増加するには，今年の生産活動によって減耗した分を上回る額の投資が行われなければならない。この正味の投資額のことを純投資という。

もちろん，マクロ経済の潜在的な生産能力を決めるのは生産資源の大きさだけではない。一国の生産能力を決める上で，資源の量よりも大切なものはその国の技術の水準である。技術(technology)とは，広くいえば，社会の内部にさまざまな形でプールされた知識の集合体であるが，ここではもっと狭く，生産活動に直接利用される知識体系を指して技術と呼ぶことにしよう。どのような技術をもつかによって，その国の生産過程におけるインプット（生産資源）とアウトプット（生産物）との基本的な対応関係は決まってくる。

ある国で用いられている生産の技術がいままでと同量のインプットでより多くのアウトプットを生みだす方向に変化したり，いままでにない生産物が新たにつくりだされたりすることを技術進歩(technical progress)という。その国の技術進歩率，すなわちその国の技

術が年とともにどれだけ進歩するかは経済成長にとって決定的に重要である。

以上，経済成長を決める要因について検討してきたが，労働という面に注目して，これまでの議論をまとめてみよう。まず，GDPの大きさを決めるのは最終的に労働力人口の大きさとその生産力(productivity)の高さである。これを簡単な式で表すと，

GDPの潜在的な大きさ＝労働力人口×労働生産性

である。さらにこの式から，マクロ経済の潜在的な成長力は労働力人口と労働生産性がどれだけ伸びるかによって決まってくることがわかる。すなわち，

GDPの潜在的成長率＝労働力人口増加率＋労働生産性の増加率

である。これは潜在的成長率を表す基本的な関係式である。

経済成長と制度

以上のように経済成長の源泉としていくつかの要因をあげることができる。しかし，これらの要因と並んで，経済成長には制度面での支えが必要だということも忘れてはならない。ここで制度(institution)とは，人々の活動を規制しているさまざまな約束事のことであり，法律や公的組織の運営規則などにとどまらず，規範や価値観をも含む広い概念である。このような決まりごとは，多くの人々によって受け入れられることによって，はじめて制度として機能するのである。したがって，経済成長が制度によって支えられているということは，とりもなおさず，マクロ経済が成長していくためには，その基本条件として，成長の恩恵が人々に広く行きわたるような仕組みが不可欠だということである。

例えば，国内労働者の質を全体的に高めるには，上述の通り，整った教育制度や職業訓練制度が必要である。投資が活発に行われるためには整備された金融制度がいるし，所有権(property rights)を守るきちんとした法制度も欠かせないであろう。これらの制度が安定的に維持されることは技術進歩にとっても不可欠の条件である。反対に，さまざまな制度や規制が投資や技術進歩に対する重大な障碍となることも考えられる。つまり，経済成長はその国の社会制度や経済制度がどうあるかによって，また，それらの制度を実際に運営する政府がどのような立場をとるかによって，大きく左右されるのである。

つぎの表2-1は1950年から1998年までの各国の1人あたり実質GDPの成長率を比較した表である。この表からもわかるように，成長率は国によって，また時代によって，かなり大きく異なっている。こうした成長率の較差は，一面では，各国の社会経済制度面での違いを反映している。なお，1人あたりGDPは，上で述べた通り，GDPを国内人口で割ったものであるから，近似的に，

1人あたりGDPの成長率＝経済成長率－人口増加率

という関係が成立する。ちなみに，$z = x/y$ で，x と y がそれぞれ Δx，Δy だけ変化したとすると，Δx と Δy がともに小さい値をとる場合には，$\Delta z = (x + \Delta x)/(y + \Delta y) - x/y$ であるから，$\Delta z / z \fallingdotseq (\Delta x / x) - (\Delta y / y)$ である。

表 2-1　　各国の経済成長率

(%)

国	GDP 成長率 1950年～73年	GDP 成長率 1973年～98年	1人あたり GDP 成長率 1950年～73年	1人あたり GDP 成長率 1973年～98年
日本	9.29	2.97	8.05	2.34
韓国	8.13	7.31	5.84	5.99
中国	5.02	6.84	2.86	5.39
フィリピン	5.79	3.08	2.66	0.59
米国	3.93	2.99	2.45	1.99
英国	2.93	2.00	2.44	1.79
旧ソ連	4.84	-1.15	3.36	-1.75

資料：Maddison,A., *The World Economy: A Millennial Perspective*, OECD,2001.

　さて，以上では，経済成長の源泉を探るということで，マクロ経済の潜在的な生産能力を規定しているさまざまな要因について検討してきた。しかし，「潜在的」という言葉が使われていることからもわかるように，そうした生産能力はつねに実現されるわけではない。能力はあるけれど，その能力が十分発揮されない。これは人間誰しも経験することであろう。現実のマクロ経済においても，生産能力はあるにもかかわらずその能力を引き出す力が十分に働かないために，それと同様の事態が起こり得るのである。

　上で見たように，成長率は年とともに変動しており，その年によっては成長率が長期的な成長率を大きく下回ることもある。これはその国の経済がもっている生産能力以下の生産水準しかあげていないことを示している。では，マクロ経済にそうした事態が起こるのはなぜだろうか。以下，この問題を考えていくことにしよう。

第3章　マクロ経済の仕組み

　一国の全体的な生産水準はどのように決まるのだろうか。また，それはどのように動いていくのだろうか。この章では，前章で紹介した諸概念に新しい視点を盛り込んで，総生産がどのような水準に決まるかを明らかにしよう。なお，この章では，マクロ経済の基本的な運動の仕組みをわかりやすく描き出すために，外国との取引がない経済を想定して話を進める。

3.1　総供給と総需要

　さて，市場に売り出される生産物の量（供給量）と市場に申し込まれる生産物の購入量（需要量）とが一致しない場合，市場ではどのようなことが起こるだろうか。この問題を考えるための経済学の最も基本的なコンセプトが「需要(demand)と供給(supply)の調整作用」という考えである。まず，この考えをマクロ経済の分析に導入するところから議論をはじめよう。以下，経済全体の需要と供給のバランスを考え，その調整過程の検討を通じて，マクロ経済の仕組みをとらえてみたい。

　ところで，「需要と供給の調整作用」というと，普通，まず思い浮かべるのは，ある特定の生産物に関する需要と供給であり，価格（相対価格）の変化によるその調整である。しかし，本書でとりあげるのは，個々の生産物に関する需要や供給ではなく，さまざまな種類の生産物に対する国内経済全体の需要や供給である。また，価格に関しても，マクロ経済学では個々の生産物の価格ではなく，物価水準すなわち国内生産物全体の平均的な価格水準に関心をむける。以下では，国内のすべての最終生産物に対する需要量や供給量について考えていることを明示するために，総需要と総供給という言葉を使うことにしよう。

セイの法則
　マクロ経済の基本的な運動の仕組みをとらえるために，総需要と総供給のバランスを考え，その調整過程を検討する，というこれまでの説明をきいて，つぎのような疑問を抱く人がいるかも知れない。
　そもそも資本主義経済は分業に基づく相互依存のシステムである。そして，それを支えているのは生産物市場や労働市場での売り（生産物や労働力を渡してお金を手に入れる）と買い（お金を支払って生産物や労働力を手に入れる）である。この売買取引はお金，すなわち貨幣をなかだちにはしているが，そのつながりをマクロ的にとらえてみると，販売

（供給）が反面では購買（需要）となっており，ここには生産物は生産物で支払われるという関係がある。したがって，経済全体として見れば，生産物の供給額はその需要額とつねに等しくなるはずである。また，その場合，総生産は基本的に供給側の条件によって決まると考えられるから，とりたてて総需要というものを問題にする必要はない。

これと同様の考えは，一つの学説として，経済学に古くから存在している。その学説は，経済学者の名をとって「セイの法則(Say's law)」と呼ばれているが，一言でいうと，人々は市場に申し込んだ供給額と同じだけの需要額を市場に申し込む，とする考えである。この考えに従えば，上の説明のように，どのような生産水準であっても，それと同じだけの需要が生みだされるはずである。したがって，生産物全体に対する需要量と供給量はつねに等しいことになり，経済全体に購買力の不足という事態が起こる余地はない。

しかし，資本主義経済における生産者（企業）は，自らの必要を満たしたり，他の別の生産物を手に入れたりする目的で生産活動を行っているわけではない。また，生産者にとって貨幣は，単に生産物の交換をやりやすくするための手段ではない。むしろ，企業が生産活動を行うのは，購入額(expenses)を上回る販売額(reveneus)を実現し，より多くの貨幣を獲得したいからである。しかも，企業には販売を通じて得た貨幣を直ちに生産物の購入にあてなければならない理由はない。より多くの貨幣を得るために生産が行われる資本主義経済で，果たして「セイの法則」が主張するように，「供給はそれに等しいだけの需要をつくりだす」といえるだろうか。

資本主義経済は市場交換に基づく分業のシステムであり，経済全体でみた需要が供給によって規定される，というのたしかにはその通りである。ところが，生産に関する決定自体は個々の企業が営利を目的にそれぞれ独立に行う。企業は経済全体の需要額をあらかじめ知ることなく，自らの需要予測に基づいて個々ばらばらに生産計画をたて，実行するのである。したがって，その結果生みだされる経済全体の供給額と需要額がつねに一致する必然性はない。

もちろん，生産物市場や労働市場で価格や賃金がそれぞれの市況に応じてそくざに修正されるのであれば，総供給と総需要のインバランスは価格の調整作用によってすみやかに解消されると考えることもできる。しかし，現実には経済全体にそうした動きがつねに生じる保証はない。つまり，価格が伸縮的変化することで需給のインバランスは解消されるという市場清算(market clearing)の考えをマクロ経済の分析にそのままあてはめ，総供給と総需要との不均衡は物価の動きによってすばやく調整される，と考えるわけにはいかないのである。

マクロ的不均衡と調整過程

では，総供給と総需要のインバランスが生じた場合，マクロ経済は一体どのように動くのだろうか。つぎにその点を簡単に検討してみよう。

まず，総需要が総供給を大きく下回り，超過供給(excess supply)が発生している経済を想定してみよう。超過供給が生じたことで，生産物の売れ行きは悪くなるが，この業績悪化はまず価格を押し下げる圧力として働くだろう。買い手を生産物に引きつけ，売れ行きを伸ばすには，企業として価格を引き下げざるを得ないからである。価格が全般に低下すれば，需要量は増大し，総需要の不足は解消の方向に向かうだろう。ところがその一方で，企業は生産物の在庫が積み上がるのをおそれて，生産設備の稼働率を引き下げ，生産量を抑えようとするはずである。この動きは生産量の減少をもたらすが，反面で雇用削減による賃金所得の減少を通じて消費の低下をまねき，同時に企業の投資意欲の減退にもつながる。この二つは超過供給の状態をさらに悪化させる要因である。

　反対に，総需要が総供給を上回り，生産物市場に超過需要(excess demand)が発生している状態を想定してみよう。このケースでは価格は全般に騰貴するだろう。これは需要量の低下をまねく可能性があるが，その一方で，生産活動を刺激し，稼働率の上昇と雇用の拡大を促すだろう。ところが，この動きは生産量の増加をもたらすとともに，反面では，賃金所得を増大させ，消費の拡大をまねくことになる。同時にそれは，企業に新しい機械の購入や工場建設などを促して，投資の拡大にもつながるだろう。

　こうした簡単な検討からもわかるように，一言で総供給と総需要の調整とはいっても，そのプロセスはかなり複雑である。しかも，調整過程はつねに不均衡を解消する方向に進むのではなく，場合によっては不均衡をさらに増幅させることも考えられる。しかし同時に，上の検討からは，(1)総供給と総需要は雇用を媒介にして互いに依存しあう関係にあること，(2)総需要と総供給の調整には，価格による調整という側面と並んで，雇用量(生産量)による調整という側面があること，の2点が確認できる。

　これはマクロ経済の仕組みをとらえるためのきわめて重要な視点である。以下では，この二つの視点に基づいて簡単なマクロ経済のモデルをつくり，総需要による生産水準の決定の仕組みを明らかにしてみたい。なお，価格調整と数量調整の働きはマクロ経済がどのような局面にあるかによって違ってくるが，当面は，数量調整の側面を浮き彫りにするため，価格や賃金は一定で変化しないものと仮定して話を進めることにしよう。

3.2　総供給

　まず，総供給の検討からはじめる。総供給(aggregate supply)というのは，ある一定期間内に国内で生産される最終生産物の総量のことである。ただ，総供給量とはいっても，生産物の物量を指すわけではなく，第2章の議論と同じく，さまざまな生産物を円やドルなどの共通の貨幣単位で測った，最終生産物の総供給額を考えよう。

生産過程の諸条件

　さて，総供給を決めるのは何だろうか。それを規定しているのは，生産物を供給する側の事情であり，生産物を産出する生産過程をめぐる諸条件である。ところが，経済には種類の異なる生産過程が多数混ざり合って存在しているから，一口に生産過程の条件が総供給を決めるとはいっても，その中身はかなり複雑である。

　ここでは，簡単のため，国内のさまざまな生産過程を一括して一つの巨大な生産過程のように扱い，そこからさまざまな用途に使える最終生産物が生産される，と考えることにしよう。そのように想定すると，総供給とはこの最終生産物の総供給額のことであり，総供給を決めるのは，ある一定期間内にこの生産過程にどれだけの量の労働力と資本財（道具・機械，原材料などの生産手段）が投入され，それがどのような技術的・制度的条件のもとで運営されるか，という二つの事情である。

　ここでは，さらに話を簡単にするため，1単位の最終生産物を生産するのに一定量の労働と一定量の資本財を組み合わせて用いる，きわめて単純な技術の生産過程を想定する。この生産過程では，労働投入係数と資本投入係数はすべての生産水準で同一であり，その比率も変化しない。ここで労働投入係数と呼んでいるのは最終生産物を1単位生産するために必要な労働量のことであり，同じく資本投入係数とは最終生産物を1単位生産するために必要な資本財の量のことである。

　図 3-1 は，縦軸に資本量(K)をはかり，横軸に労働量(N)をはかって，そうした生産過程の技術条件を図示したものである。この図では，労働投入係数と資本投入係数がそれぞれαとβで表されている。図から明らかなように，この生産過程では，すべての生産水準において労働投入係数と資本投入係数の比率(β/α)は一定である。

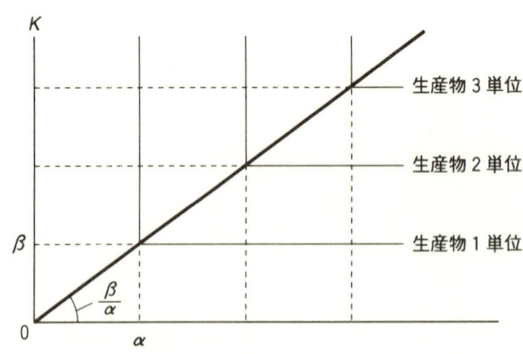

図3-1　生産過程と技術

こうした技術条件のもとでは，総供給と雇用量（投入労働量）はどのような関係にあるだろうか。つぎにその点を検討しよう。なお，ここでは労働力はすべて同質であると考え，雇用量を労働時間ではかることにする。

総供給と雇用

さて，労働時間1時間あたりの粗生産額をy，経済全体の総雇用労働時間をNとすると，総供給（Y_S）は，

$$(3.1) \quad Y_S = yN$$

である。この式は総供給が時間あたり生産額に雇用労働時間を乗じた大きさとなることを示している。

ところが，(3.1)式において，

$$時間あたり生産額＝物的労働生産性×価格$$

である。そして，仮定により物的労働生産性と価格は一定であるから，時間あたり生産額は雇用水準にかかわりなく一定となり，これを定数として取り扱うことができる。したがって，(3.1)式は雇用量と総供給とが一次関数の関係にあることを表している。なお，ここで物的労働生産性と呼んでいるのは，1時間の労働によって生みだされる最終生産物の数量のことであり，上で触れた労働投入係数の逆数（$1/\alpha$）によって示される。

ところで，ある時点の国内の労働力人口（生産年齢人口×労働力率）にはかぎりがある。経済全体の総雇用時間は今期国内の労働力人口が供給できる総労働時間を上回ることはない。したがって，この国内労働力人口による総労働供給量を$\overline{N}$で表すと，$N \leqq \overline{N}$であるから，総供給は$y\overline{N}$を上回ることはない。

一方，経済が$y\overline{N}$の総供給を達成するには，労働力人口のすべてを雇用して生産を行うだけの資本財のストックが国内に存在していることが必要である。逆にいうと，この前提条件が満たされないとき，一部の労働力についてはそれに見合う生産設備が存在しないために，$y\overline{N}$の達成は，事実上，不可能となる。これは，生産設備の存在量に対して労働力人口が過剰であるという意味で，労働力の相対的過剰と呼ばれる状態である。資本主義経済ではこのような状態がしばしば見られる。

つぎの図3-2は，縦軸に総供給をとり，横軸に雇用量をとって，総供給と雇用量との関係を図示したものである。(3.1)式により，総供給と雇用量の関係はyの傾きをもつ右上がりの直線（AS）で表すことができる。

ただしここで，労働力の相対的過剰の状態にある経済を想定すると，国内の労働力人口と生産設備を有効に使って達成することのできる最大の生産量は$y\overline{N}$以下の水準にとどまり，そのもとで労働力人口の一部は供給面の制約から失業を余儀なくされるだろう。なお，国内の労働力人口や生産設備をフルに利用した場合に達成される生産量のことを一般に潜在的生産水準（potential output）と呼ぶ。

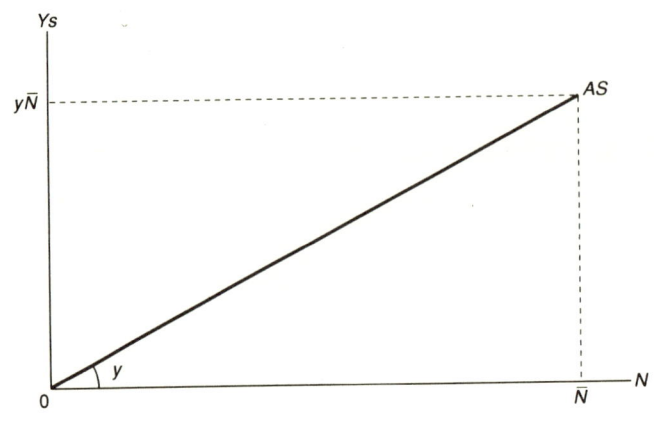

図3-2 総供給と雇用量

総供給と総所得

　以上では，生産過程に視点をおいて，雇用量と総供給との関係を明らかにした。ところが，生産過程の成果はその生産に関係した人々に所得として分配されることになるから，総供給はそれと等しい額の所得を経済全体に生みだす。つぎにこの所得という観点から総供給をとらえてみよう。

　第2章で説明したように，経済全体の所得は，機能的所得分配の観点から見ると，大きく賃金と利潤とにわかれる。また，総供給は総所得に等しい。したがって，賃金を W，利潤を R で表すと，

$$Y_S = W + R$$

である。

　一方，政府は住民に直接・間接に課税して総所得の一部を手にする。したがって，税を考慮すると，総所得の分配はつぎのようになる。

$$(3.2) \quad Y_S = R' + W' + T$$

ただし，R'：税引き後の利潤，W'：税引き後の賃金，T：税である。例えばここで，賃金と利潤に対して同率 (t) の所得税が課せられるとすると，

$$T = t(W + R)$$

である。

3.3 総需要

　一方，総需要(aggregate demand)というのは一定期間内に経済全体で需要される最終生産物の総額のことであり，さまざまな経済主体によって計画された最終支出額の総計を意味している。すでに述べたように，この意味での需要（支出）の総額が供給（生産）の総額とすべての生産水準で一致する必然性はない。

総需要の構成要素

　では，総需要は何によって決まるのだろうか。第2章で説明したように，国内生産物の購入先として，大きく，つぎの4部門が考えられる。家計，企業，政府および外国である。それぞれの需要先について点検しよう。

　家計は人々の日常生活を維持するためにさまざまな種類の最終生産物を購入する。これらの財・サービスに対する需要全体を指して消費と呼び，C で表すことにする。

　企業も生産過程を維持・拡大する目的でさまざまな最終生産物を購入する。この企業による最終需要の総額を投資と呼び，I で表す。ただし，この場合の投資は粗投資を意味しており，消耗し古くなった道具や機械，建造物などを新しいものに置き換えるための需要も含んでいる。

　第2章で説明したように，以上の民間部門に加えて，政府もさまざまな財・サービスを購入する。この政府による支出を一括して政府支出と呼び，G で表す。

　国内生産物の需要先はこれだけではない。外国からの需要（輸出）がある。一方，国内の需要には外国生産物に対する需要（輸入）もあるから，需要の第4番目の項目として，純輸出（輸出－輸入）というものを考えねばならない。しかし，冒頭で断ったように，この章では外国と貿易関係をもたない閉鎖経済(closed economy)を想定している。そうすると，総需要(Y_D)は消費，投資，政府支出からなり，

$$(3.3) \quad Y_D = C + I + G$$

と書くことができる。

　以下では，(3.3)式にそくして，総需要がどのような要因によって規定されるかをさらに詳しく調べることにしよう。

消費支出

　まず，消費である。C の大きさを決めるのは何だろうか。消費は各家計の計画消費額の合計額のことであるから，所得水準に大きく左右されるだろう。一般に，所得水準が高ければ，消費支出の額はそれだけ大きくなる，と考えられる。

　消費額を決めるのは，しかし，所得水準だけではない。所得がどう分配されるかという

点もそれに関係してくる。(3.2)に示されるように，経済全体の所得は大きく利潤と賃金と税にわかれる。利潤は，その一部が企業によって内部留保されるが，他は所得として家計に分配される。その利潤所得に大きく依存する資本家の家計では，賃金所得に依拠する一般の家計に比べると，はるかに多くの金額が消費財購入のために支出される。しかし，消費性向，すなわち所得に対する消費支出の割合自体は，一般の労働者の家計のそれを下回るだろう。

ところで，所得のうち消費にまわらない部分はどうなるのだろうか。それらは貯蓄される。つまり，所得から消費を除いたものが貯蓄(saving)である。したがって，利潤所得に依存する家計の場合，その貯蓄性向は他の家計に比べて高いだろう。反対に，賃金所得に依存する一般の労働者の家計は，一生を通じてみれば，ごくわずかしか貯蓄しない。

これらのことから，一般に，総所得が大きいほど，そして賃金分配率（総所得に占める賃金所得の割合）が高いほど，Cは大きくなる，と考えられる。

ここでは，Cを定式化するために，資本家は利潤を取得するとともに，労働者と同じように労働過程に参加して，労働した時間に応じた賃金を受け取る，と仮定してみよう。そして，税引き後の利潤所得はそのすべてが貯蓄される一方，税引き後の賃金所得はその一定割合が消費財の購入にあてられ，その値は所得水準にかかわりなく一定である，と考えよう。

そうすると，労働者が実際に家にもちかえることのできる賃金所得，すなわち可処分所得(disposal income)はW'であるから，そのうち消費財の購入に当てられる割合をcで表すと，消費は，

$$C = cW'$$

と書くことができる。ここで$0 < c < 1$とする。

では，W'の大きさを決めるのは何だろうか。経済全体の賃金所得は，賃金率(wage rate)すなわち時間あたり賃金と総雇用労働時間とで決まる。賃金率をw，賃金所得に対する税率をtとすると，総雇用量はNであるから，労働者の可処分所得は，

$$W' = w(1-t)N$$

となる。ここで，$w < y,\ 0 \leq t < 1$である。

以上の考えに基づくと，消費支出はつぎのように表される。

$$(3.4) \quad C = cw(1-t)N$$

仮定により，$c,\ w,\ t$は一定であるから，この式は消費と雇用量が一次関数の関係にあることを示している。雇用量が1単位増えると，それに応じて消費は$cw(1-t)$だけ増加する，という単純な関数関係である。

投資支出と政府支出

つぎに，もう一方の民間の需要項目である企業による投資支出について考えよう。Iの

水準を決めるのは何だろうか。

　投資支出の大きさは将来の生産活動を視野にいれた企業の資本財購入計画によって決まる。この投資計画には企業内外のさまざまな事情が関与してくるが，その決定の仕組みはかなり複雑である。投資は，これまでの議論からもわかるように，マクロ経済の動向に応じて大きく変動すると同時に，それ自身マクロ経済に重大な影響を与える要因である。投資の仕組みについては次章でもう少し詳しく見ることにして，ここでは簡単に，投資は所得水準や雇用水準とは関係なくある一定の値に決まる，と仮定してみよう。そうすると，

$$(3.5) \quad I = I_0$$

である。ここで，I_0 は投資が一定額であることを表している。

　最後に，政府支出は何によって決まるだろうか。政府支出の内容や規模は何らかの政治的決定機構を通じて決まる。その機構は複雑であるが，ここでは簡単に，

$$(3.6) \quad G = G_0$$

とする。つまり，政府支出はある一定の額に決まっていると考える。

総需要と雇用

　以上，総需要を構成する消費，投資，政府支出の三つの支出項目について順番に検討してきた。ここで，これまでの議論をまとめてみよう。(3.3)，(3.4)，(3.5)，(3.6) より，総需要はつぎのように表すことができる。

$$(3.7) \quad Y_D = c\,w\,(1-t)N + I_0 + G_0$$

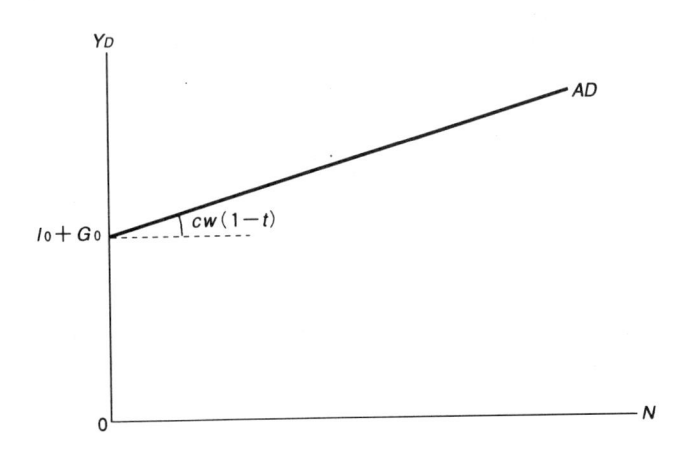

図3-3　総需要と雇用量

(3.7)式は何を意味しているだろうか。例えば，上で見た(3.4)式は雇用量と消費との関係を示す式であった。それと同じように考えれば，この式は雇用量と総需要との関係を表す式であり，雇用量と総需要が一次関数の関係にあることがわかる。縦軸に総需要，横軸に雇用量をとって，その関係を図示したものが図 3-3 の AD である。以上の説明からわかるように，その傾きは $cw(1-t)$ である。

3.4　雇用水準の決定

前の二つの節では総供給と総需要のそれぞれについて調べ，それらが雇用水準とどう関係しているかを明らかにした。この節では，雇用水準が総供給と総需要の相互作用によってどのような水準に決まるかを検討する。

総供給と総需要の一致

まず，総供給と総需要が一致するのはどのようなときかを調べよう。また，そのとき，所得と支出がどのような関係にあるかを調べることにしよう。

総需要と総供給が等しいとき，(3.1)と(3.7)より，

$$(3.8) \quad yN = cw(1-t)N + I_0 + G_0$$

が成立する。この式を N について解くと，

$$(3.9) \quad N = \frac{I_0 + G_0}{y - cw(1-t)}$$

が得られる。これは総需要と総供給が一致する雇用水準を示している。この雇用水準を N^* と書くことにしよう。また，この雇用水準に対応する生産水準を Y^* で表そう。

$N = N^*$ のとき，すなわち経済全体の雇用量が N^* に等しいとき，この経済では総需要と総供給が一致して，マクロ的に見て生産物に対する需要額と供給額がちょうどつり合う。なお，仮定により，$w < y$, $0 < c < 1$, $0 \leq t < 1$ であるから，(3.9)式の右辺の分母はつねにプラスの値をとることがわかる。

ところで，企業はどのようにして生産量を決めるだろうか。企業が生産活動を行うのは，そこに投じられた資金を一定の利潤を伴って回収するためである。いま価格と賃金率が与えられているとすると，企業は利潤を含むある販売額を予想し，その需要予測に基づいて生産量を決定するだろう。総需要と総供給が一致するのは，実際の需要額が企業の予想した予想需要額とちょうど等しい場合であり，そのときの雇用水準は企業を満足させるものとなる。N^* はそのような雇用水準であると考えられる。

総需要と総供給が等しくなるのはどのようなときかについて調べた。今度はその点を図を使ってとらえてみよう。

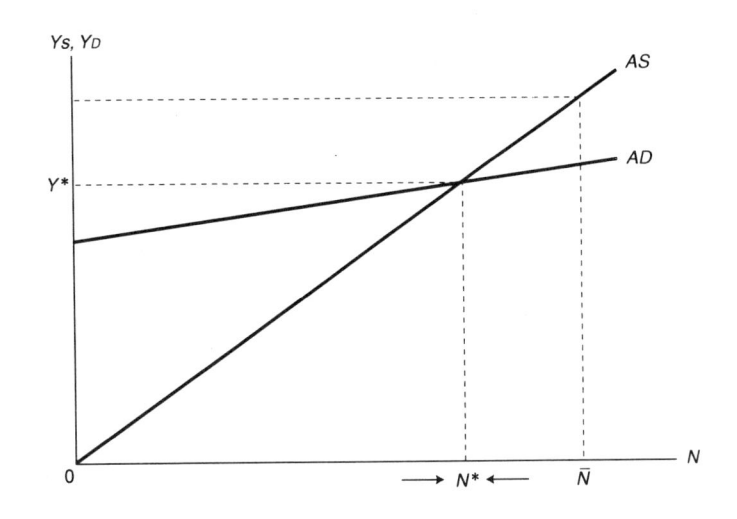

図3-4 総需要と総供給

図 3-4 を見てほしい。これは図 3-2 と図 3-3 とを重ね合わせて描いたものである。この図の AS の傾きは y である。一方，AD の傾きは $cw(1-t)$ である。仮定により前者は後者よりも急であるから，この二つは図のような形で交差するだろう。また，AS と AD は $\bar{N}$ をかなり下回る雇用水準で交わっているが，この雇用水準が(3.8)式を満たしていることも同様に明らかである。

貯蓄・投資・利潤

一方，$Y_D = Y_S$ のとき，(3.2) と (3.7) より

$$W' + R' + T = c(1-t)wN + I_0 + G_0$$

が成立する。これを書きかえると，

(3.10) $(1-c)W' + R' = I_0 + (G_0 - T)$

である。この式の意味について検討してみよう。

まず，右辺は投資支出と政府の支出超過（政府支出と税収との差）の合計である。では，左辺は何を表しているだろうか。$(1-c)W'$ は税引き後の賃金所得から消費支出を引いたものであるから，賃金所得からの貯蓄額を表す。R'は課税後の利潤所得である。ところが，仮定によりこの経済では利潤所得はすべて貯蓄されることになっている。したがって，この式の左辺は経済全体の総貯蓄額である。要するに，(3.10)は総貯蓄が投資支出と政府の支出超過との合計に等しいことを表している。さらにここで，簡単のため，政府の支出超過がゼロ（政府支出＝税収）であると仮定すると，貯蓄＝投資という関係が導かれる。

以上により，総需要と総供給が一致するとき，経済全体の総貯蓄は投資支出（と政府支出超過との合計）に等しくなることが明らかになった。この関係（貯蓄＝投資）はどう解釈されるべきだろうか。例えば，貯蓄が投資の大きさを決めるのだろうか。それとも投資が貯蓄を決めるのだろうか。

　結論からいうと，(3.10)式からは，貯蓄→投資ではなく，投資→貯蓄という因果関係を読みとるべきである。つまりこの関係は，投資と政府支出が行われると，経済全体にちょうど投資と政府赤字支出の合計に等しい額の貯蓄が生み出されるということである。そのことはまた，雇用（生産）水準が総需要の大きさによって決まるということでもある。以下ではこうした考え方に基づいて雇用水準決定の仕組みを説明する。

　ところで，(3.10)からはさらにつぎの式が得られる。

$$(3.11) \quad R' = I_0 + (G_0 - T) - (1-c)(1-t)wN$$

この式の左辺の R' は税引き後の利潤であり，総供給と総需要を一致させる利潤の水準を表している。一方，右辺にある $(1-c)(1-t)wN$ は賃金所得からの貯蓄を表している。したがって，(3.11)によると，総需要と総供給が一致するとき，税引き後の利潤は投資と政府の赤字支出の合計から労働者の貯蓄を除いた大きさに等しくなる。

マクロ経済の調整と均衡

　国内の雇用水準が N^* のとき，総供給と総需要とが等しくなることが示された。では，それ以外の雇用水準の場合はどうだろうか。その点をつぎに検討してみよう。

　$N \neq N^*$ であれば，総供給≠総需要である。これは，上の説明からもわかるように，企業の需要予測が不正確であるため，予想需要額が現実の需要額と一致しない状態である。経済がこのような状態にあるとき，企業は予想に反して在庫(inventory)の積み増しや取り崩しを強いられることになるだろう。

　ところが，予定しなかった在庫の積み増しや取り崩しを強いられた場合，企業は在庫を望ましい水準に引き戻そうとして，一般につぎのような行動をとる。すなわち，商品の売れ行きが予想外に好調であれば，生産量を高めるために雇用時間を増やし，反対に商品の売れ行きが予想外に悪ければ，生産量を抑えるために雇用時間を減らす，という行動である。そして，企業の販売動向に応じた生産量の調整は，経済全体の雇用水準を他の点に移行させる圧力として働くのである。

　図3-4にそくして，そうした企業の生産量調整に伴うマクロ的な雇用量の動きを確認してみよう。まず，国内の雇用水準が N^* を上回る場合，総需要＜総供給であり，生産物市場では超過供給が生じる。この場合，企業は予想外の販売不振（在庫の積み増し）に雇用削減という反応を示すだろう。逆に，雇用水準が N^* を下回るとき，総需要＞総供給であり，経済には超過需要が発生している。この場合，企業は予想以上の売れ行き（在庫の取り崩し）に雇用拡大をはかるだろう。

このように考えると，生産物市場に超過供給や超過需要が存在する場合には雇用削減や雇用拡大といった調整が行われ，そのような動きを通じて，経済全体の雇用水準は N^* の方向に向かうことが確認できる。そして，経済全体の生産水準は最終的に総供給がちょうど総需要に等しくなるこの雇用水準において決まるだろう。

そこで，図 3-4 の AS と AD とが交差する点を指してあらためてマクロ経済均衡の状態と呼ぶことにしよう。そして，マクロ経済均衡のもとで成立する雇用水準 (N^*) を均衡雇用水準と呼び，そのときの生産水準 (Y^*) を均衡生産水準と呼ぼう。均衡 (equilibrium) とは，一般に，対抗する諸勢力が釣り合っているために何事も時間を通じて変化しない状態を指すが，ここでは，総需要と総供給とが釣り合って，雇用（生産）水準を変化させる内発的な動きがない，という意味でこの言葉を使っている。

もちろん，この場合，生産物市場では需給一致が見られるが，労働市場では話は別である。これまでの説明で明らかなように，経済がマクロ均衡の状態にあるとはいっても，労働市場では需要と供給とが一致せず，労働力人口の一部は適当な仕事口を見つけられない。総需要と総供給の一致にもかかわらず，多くの人々が働きたくても働くことのできない境遇におかれているのである。

ところで，総供給について考えた際，労働力の相対的過剰という問題に触れた。いま経済がそのような状態にあるとすると，この経済には性格の異なる2種類の失業が併存していることになる。一つは生産設備の不足に起因する失業であり，もう一つは総需要の不足による失業である。このうち後の方のタイプは，それに対応する生産設備があるにもかかわらず，需要不足のため潜在的生産水準を達成できないことから生じた失業である。次章では，後者の需要不足による失業に注目して，その原因と対応策をさらに詳しく検討する。

3.5 乗数の働き

これまでの議論によって，経済全体の雇用（生産）水準が総需要と総供給の一致する均衡雇用（生産）水準に決まることが明らかにされた。以下では，その仕組みを，これまでとは違う角度から，さらに掘り下げて考えることにしよう。

雇用乗数

もう一度均衡雇用水準を示す (3.9) 式に注目してみよう。この式にはどのような意味が含まれているだろうか。一見して明らかなように，(3.9) 式はマクロ均衡では雇用水準が投資支出と政府支出の合計額にある定数を乗じた大きさに決まることを示している。ある定数というのは，(3.9) 式に含まれる $1/\{y - cw(-t)\}$ のことである。この定数を雇用乗数と呼ぶことにしよう。

(3.9)式は，均衡雇用水準が投資支出と政府支出の合計額に雇用乗数を乗じた大きさに決まることを意味している。では，これはどのような仕組みによるものだろうか。以下，生産と支出との関係に注意しながらその点を検討してみよう。

さて，3.2節の説明によると，この経済ではいま，1時間の労働はy（円）の最終生産物を生みだす。反対に，1時間の労働が生みだす最終生産物を購入するにはyの支出が必要である。このことは，見方をかえると，この経済でyに等しい額の生産物需要が新たに生まれた場合，その額に見合う生産を行うためには，新しく1時間の雇用が必要になる，ということである。

そこでいま，この経済に新しく1億円の投資支出が行われたとしよう。この1億円の支出に見合う生産が行われるためには，どれだけの雇用が新たに必要だろうか。yの支出に対して1時間の雇用が必要であるから，新しく1億円が支出された場合，この経済では新たに$1/y$億時間の雇用が必要になることがわかる。具体的な数字で計算してみよう。例えば，$y = 2,500$円とすると，1億円の投資増加は4万時間（1億÷2,500）の雇用増をもたらす計算である。ここでは4万時間に相当する数の労働者が新たに雇用されると考えよう。

ところが，話はこれだけでは終わらない。投資が1億円増えたおかげで新たに雇用された労働者は，受け取った賃金の多くを消費財の購入に使うはずである。したがって，最初の1億円の支出に加え，さらに第2次的な支出増加がもたらされる。この第2次的な支出増加はどれくらいの額になるだろうか。例えば，$w = 1,500$円，$t = 0.1$，$c = 0.9$とすると，新たに雇われた労働者は税引き後の賃金として5,400万円（4万×1,500×0.9）を受け取り，そのうちの4,860万円（5,400万×0.9）を支出する計算である。つまり，最初の1億円の投資支出に4,860万円の消費支出が新たに付け加わることになる。

こうして誘発された消費支出は，最初の4万時間に加え，さらに新しい雇用を生みだすだろう。今度はどれくらい雇用は増えることになるだろうか。上と同じように計算してみると，19,440時間（4,860万÷2,500）となる。これは支出→雇用→所得→支出→雇用というつながりによって引き起こされる第2次的な雇用増加である。ところが，この雇用増加は，上と同様の理由から，再び消費需要を増加させるはずであるから，それを通じてさらに雇用を拡大させるだろう。

支出の増加によって生みだされた雇用創出効果はこうして経済全体につぎつぎと波及していく。ただし，賃金所得の一部は支出されず貯蓄にまわる。貯蓄は所得の漏れであるから，所得から支出へと向かうたびにその流れは細くなり，雇用創出効果はだんだんと縮小していくだろう。実際に上の例で計算してみると，

$$40{,}000\text{時間} \to 19{,}440\text{時間} \to 9{,}448\text{時間} \to \cdots$$

といった具合に，創出される雇用量は徐々に小さくなっている。そして，やがてそれは消滅することになるが，支出と雇用の連鎖による波及過程が続くかぎり，当初の投資支出の増加が直接効果以上の雇用拡大をもたらすのは明らかだろう。

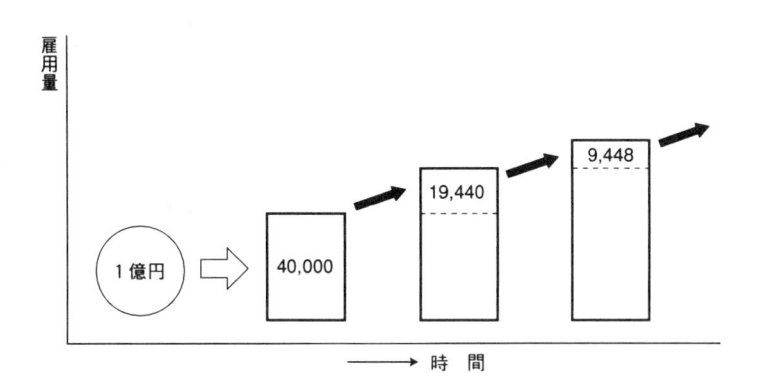

図3-5　雇用拡大のプロセス

　図 3-5 は 1 億円の投資支出の増加がそうした作用によって雇用を雪だるま式に拡大していく様子を描いた図である。では，この雇用拡大効果は，経済全体として見た場合，最終的にどれくらいの大きさになるだろうか。図 3-5 にそくして考えると，雇用量を表す棒グラフは最終的につぎのような大きさになるはずである。40000+19440+9448+…。
　以上より，経済全体で生みだされる雇用の大きさはつぎの式で表されることがわかる。

$$\frac{1}{y}+\frac{cw(1-t)}{y^2}+\frac{\{cw(1-t)\}^2}{y^3}+\frac{\{cw(1-t)\}^3}{y^4}+\frac{\{cw(1-t)\}^4}{y^5}+\cdots$$

これは公比 $cw(1-t)/y$ の等比級数である。ここで $0 < cw(1-t)/y < 1$ であるから，公式によってこの無限等比級数の和を求めると，$1/\{y-cw(1-t)\}$ が得られる。念のために上の例で計算してみると，40000+19440+9448+…≒ 77821 となり，創出される雇用量は全体でおよそ 7 万 8 千時間である。
　このことは何を意味しているだろうか。上の式を計算して得られた結果は，実は，上で雇用乗数と呼んだものにほかならない。つまり雇用乗数というのは，これまでの説明にあるような雇用創出の波及効果の大きさをとらえたものであり，投資支出の増加が直接・間接に経済全体としてどれだけ雇用時間を増やすかを示している。
　なお，ここでは投資支出が増加するケースについて考えたが，投資支出が減少する反対のケースについても同じように考えることができる。ただし，その場合には，波及効果はマイナスの方向，つまり雇用減少の方向に作用する。そうした下向きの乗数過程については後にもう一度触れる。

産出乗数と利潤乗数

　以上説明したように，投資支出の増加は雇用水準を上昇させる。雇用水準の上昇は，いうまでもなく，生産水準の上昇と対応している。では，投資の増加は経済全体の生産水準をどれくらい高めるだろうか。つぎに，その点を確認しよう。

　生産額は時間あたり生産額に雇用時間を乗じたものであるから，

$$\text{生産水準の増加} = \text{雇用増加} \times \text{時間あたり生産額}$$

である。また，雇用増加は投資支出の増加額と雇用乗数の積に等しいから，

$$\text{生産水準の増加} = \text{投資増加} \times \text{雇用乗数} \times \text{時間あたり生産額}$$

である。ここで，雇用乗数と時間あたり生産額の積を産出乗数と呼ぶことにすると，

$$\text{生産水準の増加} = \text{投資増加} \times \text{産出乗数}$$

となる。さらに産出乗数と $(1-w/y)$ の積を利潤乗数と呼ぶと，

$$\text{利潤の増加} = \text{投資増加} \times \text{利潤乗数}$$

である。ここで，$(1-w/y)$ は時間あたり生産（所得）に占める利潤の割合であり，利潤分配率(profit share)という。これに対して，w/y は賃金分配率(wage share)と呼ばれる。

　上の公式は，経済全体では生産（利潤）水準が投資額に産出（利潤）乗数を乗じた大きさだけ増大することを示している。これは，上で説明したとおり，支出と生産の連鎖によって達成されるが，このように投資の変化が需要増加や需要減少の誘発的なプロセスを通じて雇用水準や生産水準に及ぼす波及効果のことを，一般に，投資の乗数効果と呼ぶ。

　ところで，産出乗数は，雇用乗数に時間あたり生産額を乗じたものであるから，

$$\text{産出乗数} = \frac{y}{y - cw(1-t)}$$

である。さらに，右辺の分母と分子を y で割って，w/y すなわち賃金分配率を θ で表すと，産出乗数はつぎのように書きかえられる。

$$\text{産出乗数} = \frac{1}{1 - c\theta(1-t)}$$

　これによると，産出乗数の大きさを決めるのは賃金分配率(θ)，消費性向(c)，税率(t)である。これまでの説明から産出乗数が 1 より大きい値をとることは明らかである。また，産出乗数を表すこの式からは，賃金分配率(θ)や消費性向(c)が高く，税率(t)が低ければ，乗数効果(multiplier effect)はそれだけ大きくなることがわかる。

　なお，上の定義からわかるように，賃金分配率(θ)を決めるのは賃金率と時間あたり生産額であるが，時間あたり生産額＝労働生産性×価格であるから，賃金分配率はさらにつぎのような要因に分解できる。すなわち

$$\text{賃金分配率} = \text{賃金率} \div (\text{労働生産性} \times \text{価格})$$

である。賃金分配率と価格の関係については第 7 章であらためて触れる。

第4章　マクロ経済政策の展開（1）

　前章では，雇用量の調整という側面からマクロ経済の動きをとらえ，総需要，とくに投資需要の重要な役割に注意しながら，総生産の決定の仕組みについて明らかにした。この章では，前章で学んだマクロ経済均衡の考えに新しく政策的な観点を加えて，マクロ経済が望ましい雇用水準を達成するためはどのような手段をとればよいか，という問題を考えてみたい。

4.1　雇用と総需要

　もう一度 3.4 節の議論に戻って，図 3-4 の総供給と総需要が一致する状態から話をはじめることにしよう。

　さて，経済はいまマクロ均衡の状態にある。ところが，前章で指摘したように，この経済では，生産物市場を均衡させる雇用水準のもとで，労働力人口の一部は失業を余儀なくされている。多くの人々が働こうにも働けない状況におかれているのである。

　この事態は単にその当事者に多くの困難をもたらすだけではない。そもそも失業とは労働力という重要な生産資源が有効に活用されていないことであり，それによる生産物の喪失はマクロ経済にとって大きな損失である。また，失業者の数が多くなると，仕事にありつける人とそうでない人との不公平は広がり，所得分配の不平等性も高まる。しかも，多くの人々が仕事にありつけない状態が長引くことにでもなれば，技能低下や労働意欲の減退などから，やがてはマクロ経済の潜在的な生産能力にも悪影響を及ぼすだろう。その意味で，失業問題はマクロ経済の運営上最も優先順位の高い政策課題の一つである。

失業と賃金

　ところが，経済学者のなかには，賃金が伸縮的に動けば失業問題は解決する，と考える人もいる。しかも，失業とは労働市場における超過供給状態を意味しており，超過供給は再び労働需要量と労働供給量が一致するまで価格（賃金）を低下させるはずだから，問題は市場の働きによっておのずから解決される，というのである。もしそうであるなら，事態の成り行きは市場にゆだねるべきであって，あえてそれを政策的な課題と考える必要はない。また，かりに労働市場や生産物市場にその本来の働きを歪めるものがあるとすれば，むしろそれを排除することの方が先決である。

　資本主義経済には失業問題を解消するいくつかのメカニズムが想定できるが，その一つ

として古くからこのようなことが主張されてきたのである。しかし，これは果たして失業に対する妥当な見方といえるだろうか。以下では，論点を二つにわけて，資本主義経済の自然回復力に期待する，こうした見解の正否を検討してみたい。

まず，失業の増加が賃金低下をまねくかどうかを考えよう。就業者つまり現職の労働者はともかく，失業者にしてみれば，賃金は低くても職がないよりはましである。したがって，彼らは仕事を得るためにあえて現行の賃金よりも低い賃金で働くことを申し出るはずである。一般に要求賃金が低ければそれだけ求職者は職を見つけやすいからである。問題は，失業者のこうした声を聞きつけた雇用主がその申し出を受け入れるかどうかである。もしそれが受け入れられるとすると，失業の増加は直接，現行の賃金を押し下げる圧力として作用するだろう。

雇用主にとって賃金の低下は事業の採算性を高めるはずだから，一面で望ましいことのように思われる。しかし，多くの企業はその申し出を簡単には受けつけないだろう。なぜなら，そのような申し出を受け入れた場合，現職労働者の反発から生産現場の秩序が崩れ，かえって労働生産性や収益性に悪影響を及ぼす，と判断するからである。その意味で労働力という商品は価格が商品の質を規定するきわめて特殊な商品なのである。

仕事が希少であること，すなわち働きたいと望む人々の数に比べて提供される仕事の数が少ないことは，労働者と雇用主の力関係を根本で規定している要因である。したがって，失業率（失業者数÷労働力人口）の推移が労資の交渉力（bargaining power）に大きな影響を及ぼすのはたしかである。しかし，以上のような事情から，失業率の上昇が賃金率を直ちに低下させるとは一般に考えにくい。

しかしここでは，失業率の上昇とともに賃金低下の動きが生じたと仮定して，さらに検討を進めてみよう。問題は，そのとき，賃金の低下とともに雇用が拡大し，労働市場の需給バランスがすみやかに回復に向かうかどうか，である。

労働者1人1人の職探しを例にとって考えると，例えば，時給1,500円をめどに仕事を探すより，時給1,000円をめどに仕事を探すほうが，ずっと簡単に仕事を見つけることができるだろう。しかし，このことから，すべての人がより低い賃金を受け入れれば，それで経済全体の雇用機会は増え，結果的により多くの人が仕事にありつける，と類推するのは大きな間違いである。

マクロ経済の条件次第で結果は違ってくるが，賃金の低下は失業を解消するどころか，事態をかえって悪化させる危険がある。すでに述べたように，賃金低下が所得の減少による消費支出の減少をまねき，それが経済全体の労働需要をさらに減退させるかも知れないからである。そうした結果が生じるのは労働需要がそもそも派生需要だからである。派生需要とは生産物に対する需要から派生し，それに依存している，という意味である。

では，賃金の低下は必ず総需要を減少させ，雇用量の削減につながるのだろうか。もちろん，事情はそれほど単純ではない。なぜなら，賃金が低く賃金分配率が低いということ

は反面で利潤分配率が高いということであり，これには投資活動を刺激するという別の効果が期待されるからである。この効果が強く作用すれば，賃金低下により総需要はかえって増大するだろう。このように賃金低下が総需要に及ぼすプラスの効果とマイナスの効果の双方を考慮にいれると，賃金低下は雇用減をまねくとも，雇用増をまねくとも，一概には断定できない。

以上の検討からわかるように，失業は賃金が低下することでおのずと解決される，という見方はかなり疑わしい考えである。これは，要するに，賃金の需給調整機能には多くを期待できないということである。そうなると，あらためて政策の出番である。

失業と政府の役割

前項では，失業問題が価格の調整作用によっては解決されない政策的課題である点が強調された。では，何らかの手だてを講じることによって失業者の数を減らすことは実際に可能なのだろうか。たしかにそれは可能である。しかし，その方法を探るためには，まず，失業の原因をはっきりさせておく必要がある。

3.4 節では 2 種類の失業が区別された。一つは生産設備の不足による失業であり，もう一つは総需要の不足による失業である。現実の経済では，「雇用のミスマッチ」などの例が物語るように，他にもいくつかの失業原因が考えられるが，ここではそれらには触れないことにしよう。

この二つの失業形態のうち，前者の失業すなわち労働力の相対的過剰については，長期的にはともかく，ただちに何らかの手だてを講じるのはむずかしい。設備不足による失業を解消するには生産設備を増加させることが前提条件であり，それにはある程度の時間的余裕が必要になるからである。しかし，後者については事情は別である。なぜなら，これは労働力を有効に働かせることのできる生産設備が存在するにもかかわらず生じている失業だからである。生産設備と労働力の遊休状態が同時に発生しているのは，経済全体にそれらを動かすだけの十分な需要がないからである。つまりこれは，家計や企業の支出不足が原因で起こっている事態なのである。

そこで，こうした事態への対応策の一つとして，つぎのような方法が考えられる。すなわち，家計や企業とは別の経済主体がそれらに代わって支出するというやり方である。もちろんこの場合，そもそも誰がそれを行うかが肝心な点であるが，国内にはそのような役割を果たし得る経済主体が現に存在している。いうまでもなく，それは政府である。政府が家計や企業に代わって需要の不足を補うことができるのであれば，それは失業を減らす有効な手だてとなるだろう。

ケインズ(J.M.Keynes:1883 年〜 1946 年)は，こうした考え方に基づいて，総需要の不足による失業の存在を明確にし，民間部門の支出不足を政府支出の増加で補うことによって失業者の数を削減できる，と主張した。では，政府支出はどのような働きによって失業

の削減に貢献するのだろうか。その点をつぎに点検してみよう。

　政府支出の本来の目的は人々にさまざまな公共財や公共サービスを提供することである。その意味で政府の購入物はどれも住民の暮らしに役立つものでなければならない。しかし，雇用への貢献という観点から見ると，すべてが同じとはいえない。財・サービスの種類によって生産過程への影響が，当然，異なるからである。いいかえれば，政府が何を購入するかによって政府支出が雇用水準に及ぼす効果は異なってくる。例えば，政府支出が科学技術の振興，環境の整備，教育制度の充実などに使われた場合，生産コストの低下というマクロ的な経済効果が期待できる。その効果はやがて企業の投資意欲を高めることで，雇用水準の上昇へとつながっていくだろう。しかし，こうした働きは供給面の動きを通じてあらわれる長期の効果であり，直ちにそれが雇用増につながるという性格のものではない。

　総需要の不足を補うという当面の目的からすると，何に使うかということよりもむしろ，政府がどれだけの額を支出し，その財源をどう確保するかという点が重要だろう。そもそもモノを買うには支払いにあてるカネが入用である。ここでは，どれだけ支出すべきかの議論は後回しにして，まず，政府は生産物を購入するのに必要な資金をいかにして調達するか，という問題を考えてみたい。資金とはある特定の目的のために用意された一定額の貨幣のことである。政府が支出を増やそうとすれば，そのための資金を税金で集めるか，誰かに借りるか，新たにつくりだすしかない。

赤字支出

　政府支出を賄うおもな方法として，まず想起されるのは課税である。税収，すなわち国内の住民に対して税金を課すことによって得られる収入は，政府支出のための基本的な財源である。政府の購買力は究極的にはこの強制的な徴税権に依存していると考えられる。

　ところが，税で支出を賄う方法は，需要不足を補うという目的とは矛盾する。第2章や第3章の説明からもわかるように，課税は政府が民間から自由に処分できる所得の一部を奪うことであり，結果的に民間部門の支出を減らしてしまう危険があるからである。たとえ政府の支出が増えたとしても，その分企業や家計の支出が減るのであれば，大きな需要拡大（雇用創出）効果は期待できない。しかも，政府が支出を行う前に，そのための資金を予め民間から税として引き出すということは実際には不可能である。

　仕事口を多く生みだすためには，政府は税（増税）によることなく支出を増やさねばならない。しかし，そのようなうまい方法はあるだろうか。上で触れたように，政府自身が貨幣をつくりだすというやり方も考えられるが，ここでは誰かから資金を借り入れて支出する方法について検討してみよう。

　例えば，政府が債券を発行して家計や企業に買ってもらい，それで得た資金を使って生産物を購入する，という方法である。債券（bonds）とは，一般に，ある一定期間（償還

期間）後に一定額の貨幣を支払うことを約束した証券のことである。これは法律に基づく支払い契約であり，約束の不履行には罰則が科される。人々が貨幣と引き換えに債券を購入するのは，それが貨幣とは違って利子を生むからである。反対に，債券発行者は一定額の利子の支払いを約束することで資金の借り手になることができる。債券はそのことを明示した借用証書にほかならない。

　政府の発行する債券は公債（government bonds）と呼ばれる。とくに中央政府の発行する債券は国債と呼ばれ，デフォルト（defalt）すなわち支払い約束不履行の可能性が最も低い安全な債券として多くの人々によって購入されている。なお，国債は金融面に関わる政策展開にとっても重要な役割を演じているが，この点は次章で明らかにする。また，債券利子率については，以下で企業の投資活動を検討する際にあらためて説明しよう。

　さて，政府が債券発行で得た資金を使って支出を増やしたとしよう。生産物の購入に支払われた貨幣は所得となって企業や家計に還流する。そうして新たに生まれた所得はその一部が税として政府によって徴収されることになるが，税収の増加額は結局，当初の支出増加額を下回るだろう。これは政府が赤字支出（deficit spending）を行うことを意味する。ところが，政府によるこの支出超過は最終的に民間の貯蓄増加によって賄われ，民間支出を縮小させることはない。政府の赤字支出にはこのように投資や消費を圧迫することなく総需要を増大させる効果が期待できるのである。なお，厳密には，赤字支出＝税収－政府支出－移転支出であるが，ここでは移転支出については考慮しないでおこう。

　ところで，政府が上のような方法で支出を行うのは，家計や企業が借金によって財・サービスを買うのと同様の仕組みによっている。ただし，政府の借金と普通の人々の借金には大きな違いがある。そもそも人間には寿命がある。したがって，普通の人々が負っている負債はいずれ清算されなければならない。これに対して，寿命のない企業や政府の場合，その負債は必ずしも清算される必要はない。市場競争によって命脈をたたれる危険のない政府の場合はとくにそうである。

　また，政府が借金をする相手というのは，外国の債権者を除いて考えれば，政府が権力を行使して収入を引き出すことのできる当の人々である。つまり，政府に資金を貸すのは政府に対して納税義務を負った人々である。こうした関係は一般の企業の債務には見られないものであろう。政府が企業とは比較にならないくらい大規模な財政運営を行えるのもそのためである。

　以上では，政府がみずからの支出を増加させ，そのことを通じて需要不足による失業の解消をはかる，という考え方の基本を示した。このような考えに基づいて，政府が総需要を直接コントロールし，総生産や雇用量を望ましい水準に調整しようとする政策のことを財政政策（fiscal policy）と呼ぶ。なお，財政という言葉は企業や家計に対しても使われることがあるが，正しくは，政府による支出と収入のやりくりのことである。

　財政政策としては他に税や移転支出（社会保障給付，補助金，政府債務に対する利払い

など）を変化させるやり方も考えられるが，政府支出の増減は財政面を通じて行われる最も基本的なマクロ政策の一つである。つぎの節では，前章で説明した式や図を使って，赤字支出による雇用拡大の仕組みをとらえ，財政政策の効果を検証してみよう。

4.2 政府支出と雇用

さて，政府が借り入れによって新たに支出を増やしたとしよう。その結果，前章で見た総需要はどう変化するだろうか。政府支出の増加分は税金にはよらず，すべて借金で賄われるため，民間支出に対しては影響を与えない，と考える。そうすると，総需要はつぎのように書くことができる。

$$(4.1) \quad Y_D = cw(1-t)N + I_0 + G_0 + \Delta G$$

(4.1)式は政府支出の増加分を表す ΔG を含んでいるが，その点が(3.7)式との違いである。

赤字支出による雇用拡大

この新しい総需要のもとで，前章で説明した需給調整機構が働いて，経済がマクロ的に均衡したとしよう。このとき，総需要と総供給は一致する。したがって，総供給については前章と同じように考えると，3.2節の(3.1)式と(4.1)式より，つぎが成り立つ。

$$(4.2) \quad yN = cw(1-t)N + I_0 + G_0 + \Delta G$$

この式を前章と同様，N について解くと，

$$(4.3) \quad N = \frac{I_0 + G_0 + \Delta G}{y - cw(1-t)}$$

が得られる。これは生産物市場を均衡させる新しい均衡雇用水準を示している。この雇用水準を前章で導いた均衡雇用水準（N^*）と区別して，N^{**} で表そう。この二つの雇用水準を比較することによって，赤字支出の雇用創出効果を知ることができる。政府支出の増加に伴う雇用量の変化を ΔN で表すと，(3.9)と(4.3)より，つぎが得られる。

$$(4.4) \quad \Delta N = \frac{\Delta G}{y - cw(1-t)}$$

(4.4)式の右辺の分母と分子はどちらもプラスであり，この式は政府の支出増加がどれだけ雇用量を拡大させるか，つまり失業をどれだけ減少させるかを示している。反対に，この式からは，政府が ΔN だけ雇用を増やそうとすれば，$\Delta N \times \{y - cw(1-t)\}$ の支出増加が必要なことがわかる。

同様に，赤字支出による生産水準の変化を ΔY で表すと，つぎのようになる。

$$(4.5) \quad \Delta Y = \frac{\Delta G}{1 - c\theta(1-t)}$$

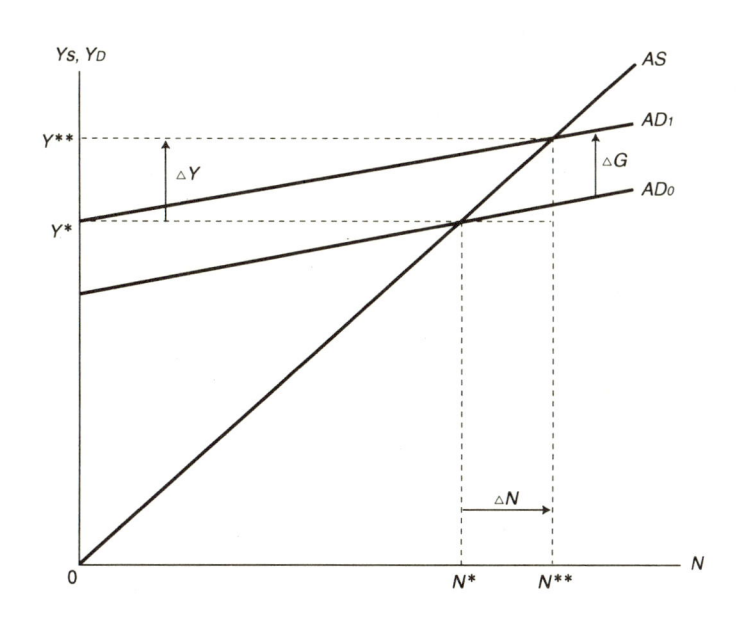

図4-1　赤字支出による雇用拡大

以上の点を図で確認してみよう。図4-1は，図3-3と同じく，総需要と総供給との関係を表している。この図の総需要（AD_1）は，図3-3の総需要（AD_0）を ΔG だけ上に平行移動したものである。赤字支出の結果，均衡雇用水準は右に移動する（$N^* \to N^{**}$）。同様に，均衡生産水準も上昇する（$Y^* \to Y^{**}$）。つまり，政府の赤字支出は AD を上方にシフトさせることで，経済の雇用（生産）水準を高める効果をもつことがわかる。

また，図から明らかなように，$y = \Delta Y / \Delta N$, $cw(1-t) = (\Delta Y - \Delta G)/\Delta N$ である。これより，$cw(1-t) = y - (\Delta G / \Delta N)$ となって，$\Delta N = \Delta G / \{y - cw(1-t)\}$ である。したがって，(4.4)式が確認される。

乗数効果と独立支出

以上では式と図を使って赤字支出の雇用拡大効果をとらえた。では，この効果はどのような仕組みによるものであろうか。(4.4)式と(3.9)式とを見比べれば明らかなように，赤字支出が雇用拡大をまねくのは，投資の乗数効果と同様の仕組みによっている。これは最終生産物に対する需要が雪だるま式に拡大することを通じて達成されるものであった。

ところで，総需要のうち，今期の生産（所得）水準とは無関係に決まる支出のことを独立支出（autonomous spending）と呼ぶ。上でマクロ経済のモデルを考えた際，投資と政府支出については，$I = I_0$, $G = G_0$ と仮定したが，これは要するに投資支出や政府支出を独立支出として扱う，ということにほかならない。

一方，消費支出については，$C = cw(1-t)N$ とした。これは消費が投資や政府支出などとは異なり，すべて生産（所得）によって誘発された受動的な支出であること示してい

る。いずれの仮定も極端なケースを想定しているが，このテキストでは，議論をわかりやすくするために，そのようなマクロ経済のモデルを考えたわけである。

さて，独立支出という概念を用いると，マクロ経済における雇用水準の決定は，(4.3) により，つぎの簡単な式で表すことができる。すなわち，

　　　均衡雇用水準＝独立支出×雇用乗数

である。同様に，均衡生産水準は，

　　　均衡生産水準＝独立支出×産出乗数

と定式化される。この公式はマクロ経済均衡における総生産が独立支出の額に産出乗数を乗じた大きさに決まることを示している。なお，産出乗数というのは，すでに前章で説明しておいたように，雇用乗数に時間あたり生産額を乗じたものである。

また，独立支出の増加が経済全体にどれくらいの雇用増加をもたらすか，という点については，(4.4) 式から，つぎのような定式化が可能である。

　　　雇用増加＝独立支出の増加×雇用乗数

この公式によると，投資支出にしろ政府支出にしろ，独立支出が増えれば，乗数効果の働きによって，その支出増加額に雇用乗数をかけた大きさの新たな雇用がマクロ経済全体に生みだされる。

同じく，独立支出が増加した場合の生産増加は，

　　　生産増加＝独立支出の増加×産出乗数

となる。この式に見られるように，産出乗数は独立支出の増加が経済全体でどれだけ生産額を増大させるかを示している。

赤字支出と政府の負債

政府が赤字支出を行うと，政府の負債(debt)，すなわち政府が負っている債務の残高は膨らむ。政府の支出と収入の差が赤字支出だとすると，政府の負債はそれが累積したものにほかならない。もちろん，政府支出の増加は乗数効果を通じて生産（所得）水準を高めることになるから，結果的に政府の税収を増加させる。しかし，それにより当初の支出増加額を上回る額の増収がもたらされるわけではないから，借金による支出は，結局，政府の負債の増加につながるだろう。

ところが，政府の負債が増えれば，今度はその返済にあてるために新たな借金が必要になる。そうでないと，これまでと同じ規模の支出を行うことは不可能である。こうして借金が借金を呼び，政府の負債がどんどん膨らんでいくと，いずれ財政運営はうまくいかなくなってしまうのではないだろうか。つまり，借金で支出をまかなうやり方は遅かれ早かれ破綻する運命にあるのではないだろうか。

一般に利払いや償還を賄うだけの所得や資産を確保している限り，借金によって破綻するということは起こらないが，政府の債務について考える場合，債務負担の大きさを財政

赤字や負債の絶対額ではなく，それらの GDP（国内所得）に対する比率で見るべきだろう。政府が債務を返済できるどうかは最終的にはその徴税能力に依存しており，それは基本的に GDP によって決まるからである。所得が大きければ，それだけ大きな借金をやりくりできる。これは人も政府も同じである。たとえ政府の負債が増加したとしても，それと同率でGDPが成長すれば，GDP に対する政府負債の比率は一定である。実際，

$$（政府負債／GDP）の変化率＝政府負債の変化率－GDPの変化率$$

であるから，例えば，政府の負債が 3 ％で増加しても，成長率が 3%（例えば，実質成長率が 2 ％で物価上昇率が 1 ％の場合）であれば，GDP に対する政府債務残高の比率が上昇することはない。

また，政府が借金で支出を行うと必ず負債の増大をまねくわけではない。例えば，政府支出の増加による生産水準の上昇が新たな投資支出を呼び込み，生産水準がさらに大きく上昇した場合，それに伴う税収の大幅な増加によって政府の負債はかえって縮小する。反対に，民間の反応が弱く生産水準の伸びが小幅にとどまった場合には，政府が支出を減らさない限り，負債は確実に膨らみ，負債比率は上昇するだろう。

では，GDP に対する政府の負債比率はどの程度の高さにまで上昇することができるのだろうか。この比率が余りにも高いと人々が判断すれば，政府の債務弁済能力に対する信頼が損なわれ，政府の借り入れは困難になるかもしれない。その場合，政府が債券を発行しようとすれば，高い利子率（利回り）を約束せねばならず，政府の弁済能力はさらに悪化するだろう。したがって，政府の負債比率に上限があるのはたしかであるが，それがどのような比率であるかを一般的に明言することはむずかしい。

4.3　投資決定の仕組み

これまでの議論では，投資は雇用（生産）水準にはかかわりなくある一定の大きさに決まると仮定された。しかし実際には，上で述べたように，生産水準は企業の取得する利潤の大きさを左右する要因であるから，その効果を通じて投資に何らかの影響を及ぼすだろう。また，企業の投資活動は一般に資金の借り入れによって賄われるから，資金の借り入れ条件は投資支出を大きく左右する要因であると考えられる。この節では，これらの点を考慮にいれ，投資決定の仕組みについて検討してみよう。

証券投資と実物投資

まず，投資という言葉の意味を再確認しておこう。一般には債券や株式などの金融資産を購入すること（証券投資）を投資と呼ぶ場合もあるが，このテキストでは投資という言葉をもっと限定して使う。マクロ経済学でいう投資とは実物投資のことであり，企業が生

産活動を維持・拡大する目的で機械，建物，原材料などの生産物を購入することを指す。投資が消費と並んで総需要の大きさを決めるというのはこの意味である。

　投資には需要面の働きと並んで，マクロ経済の生産能力を高めるという供給面の働きがある。投資は今期の生産物の一部を将来の生産活動にふりむけることであり，結果的に，より多くの設備やより良い設備をつくりだす。そのことを通じてマクロ経済の生産基盤を拡大し，生産能率を向上させる。これは投資の生産力効果と呼ばれる重要な働きである。こうした働きは投資を抑制する要因となることもあるが，ここでは，これまで通り需要創出の側面だけをとりあげ，生産力効果には触れないでおこう。

　ところで，政府は自らの支出で学校や病院を建てたり，道路や空港をつくったりする。このテキストでは政府による支出はすべてまとめて政府支出と呼んでいるが，こうした支出は国内の生産設備の形成に貢献する生産的支出であり，本来は他の消費的支出とは区別されるべき性格のものである。一方，家計は家を建てる（住宅を購入する）ために多額の支出を行う。この支出は，第2章で説明したように，一般に住宅投資と呼ばれ，例えば自動車や冷蔵庫などに対する支出とは違い，投資として分類されている。

　このように政府や家計も投資を行う。しかし，資本主義経済における投資の中心は，いうまでもなく，企業による生産物購入である。したがってこの節でも，これまで通り企業の投資活動にそくして投資の動きをとらえることにしたい。なお，第2章では投資を在庫投資と設備投資の二つに区別し，第3章では，設備投資にも新規投資と更新投資の二つのタイプがあることを述べたが，以下では，原則としてそうした投資の種類の違いにはこだわらず，話を進める。

投資の決定因(1)－期待利潤率－

　企業はなぜ投資するのだろうか。生産活動を維持し，それをさらに拡大していくためである。では，なぜ個々の企業にとって生産能力を増強していくことが必要なのだろうか。そうしないと，他企業との競争に破れ，十分な利潤をあげることができなくなるおそれがあるからである。企業は利潤を求めて市場で互いに激しく競争する関係にある。この競争関係が個々の企業を否応なく投資行動に駆り立てるのである。企業の投資活動を支配しているのは営利と競争の原則であり，この点に政府や家計のそれとの重要な違いがある。

　企業の投資決定に影響を与える最も重要な要因は将来の収益予想，すなわち期待利潤率である。企業が投資を行うのは将来の利潤形成のためである。したがって，企業の資本財購入計画にとって大切なことは，来期以降，生産物がどれくらい売れ，どれだけの利潤が生みだされるかという点である。もちろん将来は不確実であり，生産活動や販売活動はさまざまなリスクを伴う。企業はそれらのリスク要因に配慮しながら慎重に需要予測を行い，それに基づいて将来の売り上げや利潤率を予想する。そうしてはじきだした利潤予想を判断基準にして企業は投資額を決定しようとするだろう。

では，その場合，期待利潤率を決めるのは何だろうか。企業の将来予測にはさまざまな事情が関係してくるが，利潤形成をめぐる現在の実績はそのなかでもとくに重要な要因の一つであると考えられる。例えば，企業の営業実績がよく，利潤率が高ければ，それだけ予測は楽観的に行われて，期待利潤率は高めに設定される。そして，その分投資計画は積極的に進められるだろう。このように考えれば，投資は現在の利潤率によって大きく左右されることがわかる。

ところで，利潤率というのは企業の実現した利潤額を企業の所有する資本財の価値総額で割ったものである。いま所有資本額は与えられているとすると，利潤率を決めるのは利潤額すなわち利潤の大きさである。一方，利潤はその一部が配当，利子などとして家計に分配されるとともに，他は企業によって内部留保される。内部留保した利潤は企業が自由に使える資金であり，それを資本財の購入にあてることができる。つまり，留保利潤は企業にとって投資のための重要な資金源となる。しかも，内部資金が豊富であれば，外部からの資金調達もやりやすい。これらのことから，実現した利潤額は投資額を決めるおもな要因の一つであると考えられる。企業の取得する利潤の額が大きければ，それだけ多額の投資が行われるだろう。

以上，企業の行動原理にそくして利潤と投資との密接な関係を明らかにしたが，こうした関係はマクロ経済についてもそのまま当てはまるのだろうか。ここではその点を実際のデータを用いて点検してみよう。図4-2は投資変化を示すグラフと利潤変化を示すグラフを対応させた図である。この図からはたしかに，経済全体を見た場合も，投資と利潤は平行して動いていることがわかる

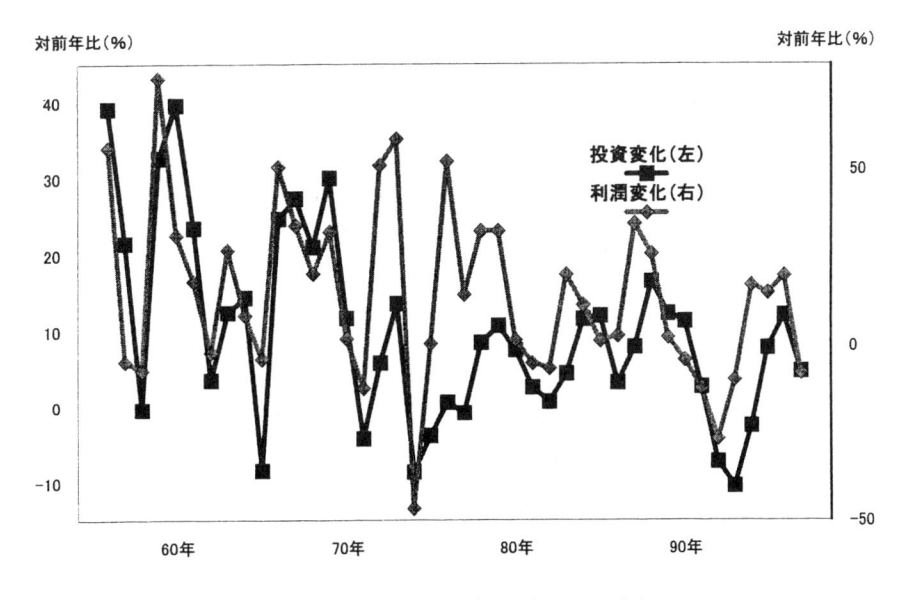

図4-2 投資と利潤の動き（1956年～1997年）

資料：内閣府『経済要覧』。

投資の決定因(2) －利子率－

　企業が投資を行おうとするとき，そのための資金，すなわち資本財を購入するために必要な一定額の貨幣をどのようにして調達するのだろうか。企業が必要な資金を賄うことを一般に金融(finance)というが，資金回収に比較的長い期間を要する投資資金の場合，その調達方法として，(1)内部留保した利潤を使う，(2)借り入れる（銀行融資，債券発行），(3)株式を発行する，などのやり方が考えられる。とくに企業の投資資金は留保利潤と並んで長期の借り入れに大きく依存している。このため，利子率(interest rate)とくに長期利子率は投資の大きさを決める要因の一つと考えられる。利子（率）とは，簡単にいうと，貸し付けられる資金の賃貸料（率）のことであり，一般には金利とも呼ばれる。

　利子率と投資との関係を考える前に，まず，債券発行による資金調達を例に，利子率が資金の賃貸料率であることの意味を明らかにしておこう。ここでは話を簡単にするため，企業が投資資金を調達するために償還期間(maturity)：n 年，額面価格(face value)：P_0 の割引債券(discount bonds)を発行し，それを家計が購入すると想定しよう。企業の発行する債券は社債(corporate bonds)と呼ばれる。

　さて，発行価格を Pb とすると，この債券の年利子率 i はつぎの式で表されるだろう。

$$i = \sqrt[n]{\frac{P_0}{Pb}} - 1$$

これは1年ごとに利子を元本に組み入れる複利計算による定式化であるが，もっと簡単な単利計算で表すことにすると，つぎの式で表される。

$$i = \frac{(P_0 - Pb)/n}{Pb}$$

　では，債券の発行価格（Pb）は何によって決まるのだろうか。それを決めるのは債券に対する需要と供給のバランスである。すなわち，売り出される債券の量に対して，需要が大きければ，価格は高く決まる。反対に需要が小さければ，その債券は低い価格で取り引きされる。債券をめぐる需給関係が変化すれば，当然，債券価格は変化する。

　例えばいま，償還期間2年，額面100円の債券が1枚95円で売れたとしよう。資金を供給する立場の債券購入者は債券発行者に95円を支払って，2年後に100円を支払うことを約束したこの証書を受け取る。上式に当てはめると，この債券の利子率は2.6％となる。つまり，それを発行した企業は借り入れ額100円につき年あたり2.6円の利子を賃貸料として支払う計算である。債券購入者の観点からすると，この債券を満期前に流通市場で売りにだすこともできるが，満期時まで保有した場合には2.6％の利回りが期待できるということである。

　一方，同じ債券の価格が90円に決まったとすると，どうだろうか。その場合には，この債券の利子率は5.6％になる計算である。したがって，企業の資金調達にかかる利子負担は先の場合よりも大きい。この二つのケースを比べれば，債券価格と利子率が裏腹の関

係にあり，それぞれ逆方向に動くことがわかる。すなわち債券価格の上昇は利子率の下落を意味し，反対に債券価格の下落は利子率の上昇を意味するのである。

　債券発行による資金調達を例に，利子率が資金の賃貸料率を表すことを明らかにした。もちろん，一口に利子率といっても，借り入れの形態，金額，期間，目的，借り手の事情などさまざまな条件の違いに応じて実際にはさまざまな金利が存在する。しかし，裁定取引(arbitrage)，すなわち鞘取りという仕組みが働くため，それらは基本的に連動して動くと考えられる。ここでは利子率としてそれらの平均的な水準を想定することにしよう。

　さて，利子率の水準は資金調達に要するコストの大きさを意味する。したがって，利子率の変化は投資に伴う直接的な費用負担を変化させることで投資動向にも影響を及ぼすと考えられるのである。例えば，利子率が低下すると，企業の資金調達にかかる費用負担は軽くなる。その結果，企業は資金の借り入れにより積極的な態度をとるようになる。反対に利子率が高くなると，それだけ借り入れにかかる費用は重くなるから，借り入れに対する企業の態度はより消極的になる。なお，貨幣の価値が上昇（低下）しているときは，実質的な利子負担はそれだけ重く（軽く）なる。したがって，より正確にいうと，資金調達コストの大きさを決めるのは名目的な利子率ではなく，貨幣価値の変化を考慮した実質利子率である。

　以上，個々の企業の投資行動にそくして，投資を左右すると見られる二つの要因を明らかにした。ミクロとマクロの違いには十分な注意が必要であるが，これまでの論点は，基本的に，マクロ経済の投資動向にもほぼそのまま妥当する。すなわち，個々の企業の資本財需要を集計した経済全体の投資需要は利潤（率）や利子率の動きによって左右される，と考えることができる。

投資と利潤

　ここではまず，これまでの考え方にしたがって，マクロ的な利潤所得と投資需要との関係を簡単に定式化してみよう。いま利子率は一定で変化しないと考えると，投資のうち利子率に影響をうける部分は一定であり，定数のように扱うことができる。また，投資を左右するのは税引き後の利潤所得であるから，投資と利潤との関係は，つぎのような式で表すことができる。

$$(4.6) \quad I = I_0 + hR'$$

この式の I_0 は，投資のうち利潤とは関係なく決まる部分を表しており，定数である。また，R'は課税後の利潤所得を表し，h は投資が課税後の利潤によってどの程度左右されるかを示す係数である。上で述べた理由から，$h > 0$である。

　一方，利潤分配率$(1-\theta)$という概念を用いると，課税後の利潤は，

$$(4.7) \quad R' = (1-t)(1-\theta)yN$$

である。雇用水準と時間あたり生産額(y)や賃金分配率(θ)との関係については第6章で

もう少し詳しく見ることにするが、ここでは話を簡単にするため、y も θ も雇用水準に関係なく一定であると仮定しよう。

(4.6) と (4.7) より，

$$(4.8) \quad I = I_0 + h(1-t)(1-\theta)yN$$

である。この式は投資が雇用（生産）水準に依存することを示している。生産水準の増加が投資の増加を招くという関係である。ここで、h は投資の利潤に対する反応係数であるが、これを一定とすると、前章の消費関数と同様のきわめて簡単な投資関数が得られる。

ところで、利潤率を決める要因の一つに稼働率(capacity utilization rate)がある。利潤率と稼働率の関係については以下であらためて触れるが、一般に設備投資はこの稼働率に強く反応すると考えられている。稼働率というのは企業の全生産設備のうち実際に動いている設備がどのくらいあるかを示す指標である。例えば、稼働率が低いのはそれだけ企業が利用されていない設備を多く抱えているということであり、生産余力が大きいことを示している。投資が稼働率の影響をとくに強く受けるのは、設備投資が企業の生産能力に対する追加であり、稼働率の低下（上昇）は生産余力の拡大（縮小）を意味するからである。

この点に注目すると、h はむしろ雇用（生産）水準に応じて変化すると見るべきだろう。実際に稼働率と投資の動きを対応させてみると、図 4-3 に見られるように、稼働率の上昇は投資を促進し、稼働率の低下は投資を抑制することがわかる。同時にこの図からは、稼働率の上昇に伴って、投資の伸びが鈍化する傾向も読みとれる。こうした動きの背景にはつぎのような事情があると考えられる。

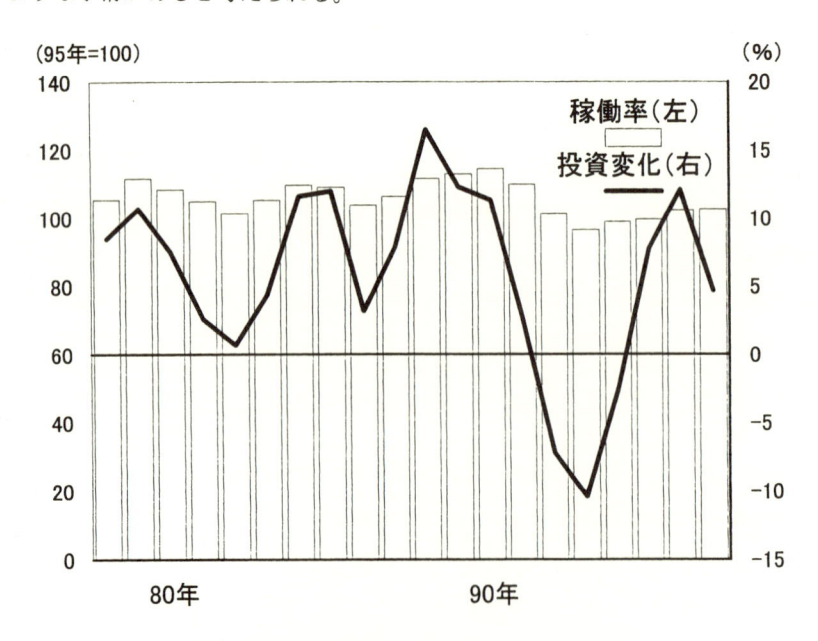

図4-3　稼働率と設備投資の動き(1978年〜1997年)

資料：内閣府『経済要覧』。

きわめて低い雇用（生産）水準のもとでは，生産設備の稼働率は低い。余剰設備を多く抱えた企業の投資に対する態度は概して消極的である。このような状況では当然，投資の利潤に対する反応は鈍く，反応係数も小さい。雇用水準の上昇とともに，将来に対する強気の見方がだんだんと広がり，その分投資の反応係数は大きくなる。ところが，雇用がある水準をこえてさらに拡大すれば，今度は逆に将来の生産活動への楽観的なムードに対する警戒心が生まれる。やがて大勢が楽観的見方から悲観的見方へと変わるにしたがって，投資の利潤に対する反応は急速に弱まってくる。このことから，きわめて高い雇用（生産）水準のもとでは反応係数 h はむしろ小さい値をとることになるのである。

投資と利子率

利潤と投資の関係を見たので，つぎに利子率が投資需要に及ぼす効果について検討しよう。ここではまず，利子率と投資との関係をわかりやすくとらえるために，利潤が投資に及ぼす効果は除いて，ある生産水準のもとで二つの異なる利子率を想定し，利子率の相違そのものが投資水準にどう作用するかを考えてみよう。

上で述べたように，利子率が低いと，企業にとってそれだけ投資コストが低いことを意味する。逆に利子率が高いということは投資コストが高いということである。したがって，期待利潤率が一定で他の事情に変わりはないとすると，利子率の低下は経済全体の投資支出を増加させ，反対に利子率の上昇は投資を減少させる。これにより投資が増加（減少）すると，この支出変化は波及効果を伴いながら経済全体の生産水準を上昇（低下）させていくだろう。その仕組みについてはすでに前章で学んだ。

このように他の投資決定因を無視して考えると，利子率の変化が投資や総需要に対してマイナスの影響を及ぼすことがわかる。つまり一言でいえば，投資は利子率の減少関数であるというわけである。

ただし，利子率が投資に与えるマイナスの効果についてはいくつかの注意すべき点がある。まず，投資の利子率変化に対する反応の大きさはすべての投資水準で同じというわけではない。また，利子率に対する投資の反応度と投資水準とのあいだに一定の関係が見られるということでもない。

さらに重要な点は，現実に利子率が変化した場合，投資が常にそれと反対方向に変化するわけではないということである。例えば，多くの企業が生産設備の余剰を抱え，弱気ムードが支配している状況では，利子率が低下しても，投資はそれにほとんど反応しない可能性が高い。反対に，経済全体に強気の期待が支配している状況では，利子率の上昇にもかかわらず，投資がさらに拡大していくこともある。こうした事態が起きるのは，期待利潤率の動きが利子率の動き以上に現実の投資動向を大きく左右しているからである。その意味で，投資決定因としての利子率の働きはあくまでも副次的であり，その効果は決して十全なものではない。

さて，本節では，投資資金の調達という観点から，利子率が投資のコスト要因として作用することを明らかにした。ところが，企業が必要とする資金は投資のための資金だけではない。例えば，原材料を購入するための資金や賃金の支払いにあてる資金も必要である。これらの資金も内部資金としてであれ，外部からの調達であれ，何らかの方法で必要なときに必要なだけ用意されねばならない。そうでなければ，生産活動は滞ってしまうだろう。次章では資金のマクロ的な流れをつかさどる金融システムについて解説する。

第5章 マクロ経済政策の展開（2）

　前章までの議論を通じて，総需要（総支出）が雇用（生産）水準の決定に大きな役割を演じることが明らかになった。ところが，支出というのは貨幣を支払って生産物を購入することである。また，マクロ経済の基本に立ち返って考えると，生産・所得・支出のマクロ循環が支障なく働くためには，その規模に見合う量の貨幣が用意され，それが資金として必要なところに流れていく制度的な裏付けが不可欠である。本章では貨幣や貨幣制度について再検討し，マクロ政策のもう一つの柱である金融政策の基本的な考え方を明らかにする。

5.1　貨幣と経済

　貨幣(money)，すなわちお金とは何だろうか。わたしたちは毎日のようにお金と接し，それがきわめて重要なものであることもよく知っている。ところが，あらためて「お金って何？」と問われて，きちんと答えられる人は少ないだろう。なかには財布から100円玉や1万円札を取り出して，「これが貨幣だ」と答える人がいるかも知れない。しかし，お札（紙幣）やコイン（硬貨）だけが貨幣ではないから，これは答えとして不十分である。貨幣は常識で考えるよりもずっとむずかしくてややこしい事物なのである。ここでは，「貨幣とは何か」を考えるのに，少し視点をかえ，まずわたしたちが貨幣をどんなことのために使っているかを身近な例にそくして考えてみよう。

貨幣の働き
　貨幣はどんなときに使われるだろうか。貨幣が使われるのは，まず，財・サービスや証券などの商品を購入するときである。購入（買い）とは貨幣の所有者が一定額の貨幣を代金として支払い，それとひきかえに商品を受け取ることである。その同じことを反対の立場から見れば，販売である。販売（売り）とは商品の所有者が代金とひきかえに商品を引き渡すことである。例えば，きみがパン屋に行き，代金の100円を支払ってあんパン1個を受け取る。反対にパン屋は代金の100円を受け取り，ひきかえにあんパン1個をきみに手渡す。それがパンの売買という出来事の具体的なやりとりである。この一連のやりとりにおいて貨幣（100円硬貨）は財（パン）を購入する手段として使われている。
　一方，売買が繰り返される継続的な取引では，掛け売り・掛け買いが一般的である。売り手と買い手の双方にとって，商品を受け渡す（受け取る）たびに貨幣をやりとりするの

は煩雑過ぎるからである。掛け売り・掛け買いでは貨幣は支払われないが，その代わり，売り手と買い手とのあいだに資金の貸し借りが生じる。しかし，この貸借関係はいずれ精算される必要があり，それには貨幣の受け払いが欠かせない。取引のある段階で債権（支払いを求める権利）と債務（支払う義務）を決済する手段としてあらためて貨幣が用いられるのである。

　購入手段としてであれ，決済手段としてであれ，貨幣の働きはまさにそれが支払われることによって相手方の金銭的な請求権(monetary claims)を帳消しにする点にあると考えられる。そこでこれらの働きをまとめて貨幣の支払い手段機能と呼ぶことにしよう。

　ところで，売買取引が行われる際には，普通，まず商品の価格が提示される。例えば，あんパンの陳列棚には値札が張られ，100円と記されている。これはあんパン1個の価値が貨幣100単位に等しいということである。ここでは貨幣がパンの価値を測るのに使われるとともに，貨幣1単位が1円と表示されて価値の大きさを表す計算単位として用いられている。価格とは貨幣で測られ，貨幣の単位で表された商品の価値というわけである。

　もっとも値札が表示するのはあくまでも商品の潜在的な価値に過ぎず，その価値評価が確定するのは，取引が成立し実際に商品が購入されたときである。対価として貨幣が支払われることで，はじめてその商品の価値は社会的に確認されたことになるのである。貨幣にはこのように商品の価値を表し，それを確定する働きがある。この働きを貨幣の価値尺度機能と呼ぶ。第1章で総生産物の大きさを貨幣単位で測ることにしたが，これも貨幣の価値尺度機能に基づいている。

　貨幣は，しかし，売買のときだけ使われているわけではない。例えば，パン屋には行ったものの，結局あんパンを買うのをやめ，将来の支出に備えて100円硬貨をとっておくことにしたと想定してみよう。この場合，一見すると，きみは貨幣を使っていないようにも見えるが，実はそれを使っているのである。ただし，支払いという用途にではなく，購買力を確保しておくという別の目的で貨幣を使っているのである。

　実際，きみはとっておいた100円硬貨であす100円の缶コーヒーを買うこともできるが，それは100円硬貨がその価値（購買力）をその間失わずにいてくれるからである。このように貨幣は，それがあらためて支払い手段として使われるまでのあいだ，価値を保蔵する手段として利用される。貨幣のこの働きは価値保蔵機能と呼ばれる。その機能が万全でないことは，物価が上昇する可能性を考えれば明らかだろう。

　さて，以上により，貨幣には大きく，(1)支払い手段,(2)価値尺度,(3)価値保蔵手段，という三つの機能があることが明らかになった。ここから，「貨幣とは何か」という問いに対する一つの暫定的な答えが得られる。すなわち，現実の経済においてこれら三つの機能を果たしているもの，それが貨幣である。上では100円硬貨を例に挙げたが，もちろん同様の機能を果たし得るものは他にもたくさんある。では，貨幣には具体的にどんなものが含まれるのだろうか。つぎにその点を明らかにしてみよう。

現金と預金

　貨幣といえば，多くの人はまず現金（通貨）を思い浮かべる。現金(currency)というのは，中央銀行(central bank)の発行する紙幣（銀行券）と中央政府の発行する硬貨（補助貨幣）の総称である。中央銀行の働きについては以下で詳しく説明するが，日本の中央銀行が日本銀行（日銀）であることはあらためて指摘するまでもないだろう。

　現金が貨幣であることは誰もが知っている。それは一つには日頃からそれらを直接使う機会が多いせいであろう。実際，コンビニやスーパーで少額の買い物をする場合，わたしたちはたいてい現金で支払う。現金がないと，日々の暮らしにも困るほどである。しかし，経済全体を考えると，現金による売買の割合は必ずしも大きくない。家計でも企業でも，現金の授受を伴わない取引の方がより広範に行われているのである。では，現金によらない取引では何が支払い手段として使われているのだろうか。

　一般に家計や企業は銀行(bank)に預金(deposit)を保有して，それを現金に代わる支払い手段として利用している。例えば，クレジット・カードで買い物をする場合である。クレジット・カードの利用者は販売店でそのカードを提示し，書類にサインするだけで，所望の商品を手に入れることができる。むろん話はそれで終わりではなく，後日，カード会社の指示で，買い手（クレジット・カードの利用者）の普通預金口座から代金が引き落とされ，その金額が売り手である販売店の預金口座に入金される。その時点で決済は終わったことになるが，この過程で現金は全く使われていない。その代わりに銀行が買い手と売り手の預金を振り替えることで決済がなされるのである。

　クレジット・カードの利用以外にも，公共料金の支払いや賃金の受け取りなど，家計が銀行預金を利用する機会は多い。一方，企業間では現金の授受を伴わない売買がさらに広く行われている。例えば，企業間の売買取引においてはしばしば小切手や手形が使われるが，その場合も最終的な決済はそれぞれの企業が銀行に保有している当座預金の振り替えによるのが一般的である。このように普通預金や当座預金がさまざまな取引で支払い手段として利用されるのは，それらが定期預金とは違って自由に引き出せる性格の預金だからである。当座預金や普通預金のように，預金者の指示にしたがって銀行がいつでも支払いに応じる預金のことを要求払い預金(demand deposit)という。

　ところで，上のケースにおいて，買い手はA銀行，売り手はB銀行という具合に，取引相手がそれぞれ別の銀行に預金口座をもつ場合の決済の仕組みはもう少し複雑である。この場合，売買取引が行われると，まず，銀行間の連絡通信網を通じて取引結果がそれぞれの銀行に伝えられる。その指示にしたがって，A銀行にある買い手の預金口座から代金が引き落とされ，B銀行にある売り手の預金口座には代金が入金がされる。その時点で売り手と買い手の決済は完了する。しかし，この段階ではA銀行からB銀行への資金の受け渡しは行われておらず，銀行間の取引はまだ終わっていない。では，銀行間の決済はど

のような方法で行われるのだろうか。

　銀行間の決済は中央銀行を介して行われる。銀行は，一般の企業や家計が銀行に要求払い預金口座をもつのと同じように，中央銀行に当座預金口座を開き，そこに資金を預け入れている。銀行間の取引で最終的な決済手段として使われるのはこの中央銀行当座預金である。すなわち，中央銀行がそれぞれの銀行の当座預金を振り替えることによって，銀行間の資金移動は行われる。上のようなケースでは，銀行からの指示にしたがい，中央銀行がA銀行の当座預金口座から資金を引き落とすとともに，B銀行の当座預金口座へ資金を入金する。これでA，B銀行間の決済は完了したことになる。銀行制度の仕組みや中央銀行の役割については以下であらためて触れる。

貨幣の諸類型

　これまでの議論から，貨幣には現金と預金の2種類の形態があることが明らかになった。現実の貨幣は，誰がそれを保有しているかによって，さらにつぎのように区分できる。まず，現金は①家計や一般の企業が保有する現金と，②銀行が保有する現金とに分けられる。前者は民間の非金融部門で流通している現金であり，後者は預金の引き出しに備えて民間金融機関の金庫で保管されている現金である。預金についても同様に，③家計や一般の企業が保有する預金と，④銀行が保有する預金とに分けられる。前者は銀行預金であり，後者は中央銀行当座預金である。

　このうち，①と②と④は公的部門（中央銀行と中央政府）が民間部門（銀行と民間非金融部門）に供給した貨幣である。これらは国の法的強制力によって通用している貨幣であり，法定貨幣(fiat money)と呼ぶことができる。それに対して，③は銀行が民間非金融部門に供給した貨幣である。これは銀行の信用力によって通用している貨幣であり，銀行貨幣(bank money)と呼ぶことができる。

　ところで，経済全体に存在する貨幣の総量を指して，一般に貨幣供給量(money supply)と呼んでいる。上の説明によると，経済には性格の異なるいくつかの貨幣が存在していることになるが，貨幣供給量すなわちマネーサプライというのは，要するに，どの貨幣の総量を表しているのだろうか。マネーサプライとは，より正確にいうと，金融機関（中央銀行と銀行）が民間非金融部門に対して供給した貨幣量のことである。具体的には家計や企業が保有する現金と預金の集計量を指す。したがって，上の分類によると，マネーサプライは①と③の合計額で表される。

　一方，現金と中央銀行当座預金の合計額はマネタリーベース(monetary base)などと呼ばれている。マネタリーベースとは流通する貨幣の基礎にあるものということであるが，その詳しい意味は次節で説明する。また，マネタリーベース（①+②+④）は，中央銀行が民間部門に供給した貨幣の量であるから，法定貨幣の総量を表すと考えることができる。なお，つぎの図5-1はマネーサプライとマネタリーベースの最近の推移を示す図である。

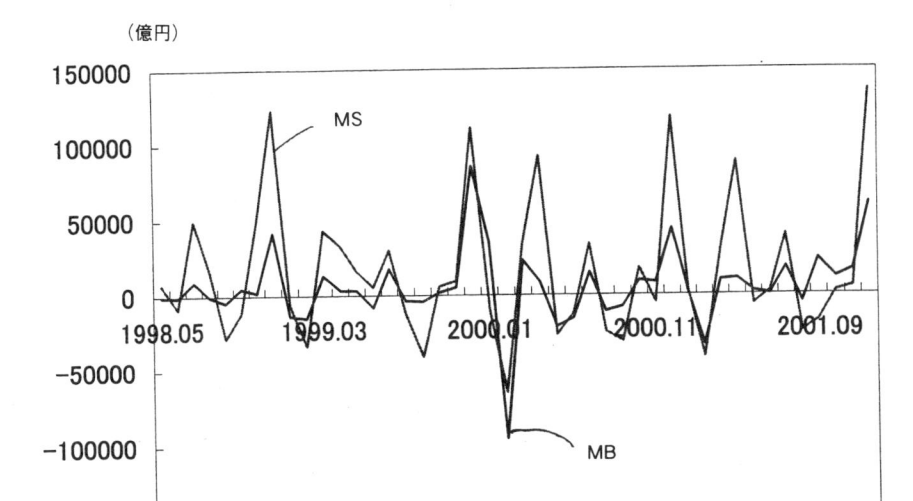

図5-1 貨幣量の変動（1998年〜2001年）

注：MB（マネタリーベース）とMS（マネーサプライ）の対前月変化を示す。
ただしマネーサプライ＝現金＋預金（定期性預金を含む）＋CD。
資料：日本銀行『金融・経済データ2002』，ダイヤモンド社。

5.2 貨幣と銀行制度

　前節では貨幣の機能や種類について論じたが，その議論を通じて貨幣と銀行がきわめて深い関係にあることが明らかになった。この節では銀行や中央銀行による貨幣供給の仕組みについて検討する。まず，銀行貨幣，すなわち預金がどのように供給されるかという点から明らかにしよう。

預金の受け入れ

　現金と比べ，預金には安全性，利便性などの面でいくつかの利点がある。しかも普通預金にはわずかながら利子がつく。これらの理由から人々は所有する貨幣の大部分を現金ではなく，預金でもとうとする。

　銀行は，まず，そうしたニーズに応えることによって預金を供給する。預金の供給とは，この場合，具体的には銀行が人々の保有している貨幣を預金として受け入れることを指す。例えば，きみがA銀行で普通預金口座の開設を申し込み，そこに手持ちの現金100万円を預け入れたとしよう。そうすると，新しい預金通帳の「預かり金」の欄には100万円という金額が記帳され，きみはA銀行に預金100万円をもったことになる。そしてきみはそれをさまざまな取引の決済に使うことができる。きみが保有している貨幣が現金から預金へと形を変えたわけであるが，これはA銀行がきみに預金を供給したからである。銀

行はこのように，預金の受け入れという業務を通じて，人々に安全で便利な支払い手段を提供しているのである。

一方，預金を受け入れたことで，A銀行の資産(assets)と負債(liabilities)はともに変化する。では，預金の受け入れによって，銀行のバランスシート(balance sheet)はどのように変化するだろうか。バランスシートとは，企業の資産と負債の状況を表した貸借対照表のことである。

まず，A銀行は預金の受け入れで新たに現金100万円を獲得したわけであるから，A銀行の資産は100万円増加する。同時に，A銀行の負債もそれと同じ額だけ増加する。負債は資産に対する請求権を表すからである。実際，人々が銀行に資金を預け入れるのは，銀行がいつでも預金を払い戻してくれるからであり，預金を受け入れた銀行は，預金者から支払い要求があれば，いつでもそれに応じなくてはならない。預金とは，裏を返せば，銀行の支払い義務（債務）のことであり，100万円という預金額はA銀行が預金者に負った債務の大きさを示している。したがって，預金の受け入れに伴うA銀行のバランスシートの変化はつぎように表示することができる。

資　産	負　債
現金　100万円	預金　100万円

貸し出しと預金創造

銀行はこうして家計や企業にとって安全で便利な金庫のような役割を演じている。しかし，銀行家は単なる金庫番ではない。銀行の営業活動の柱は金融的業務，すなわち資金を貸し出すことにある。銀行は，人々から資金を預かるだけでなく，自ら能動的に資金を運用（供給）することで収益（利子収入）をあげる営利企業なのである。では，銀行による貸し出しはどのように行われるのだろうか。

銀行貸し出しは預金の供給という形で行われる。いいかえると，預金は銀行が企業や家計からの資金需要に応えることによっても供給されるのである。例えば，X企業がA銀行に対して，保有する土地を担保に設備購入と賃金の支払いに必要な1000万円の借り入れを申し込んだとしよう。貸し出しにはさまざまな種類のリスクが伴うから，A銀行は貸し出し先のX企業の債務返済能力や担保の価値など種々の条件を慎重に検討した上で，金利を定め，融資を行うか否かを決定するだろう。最終的に融資が決まれば，X企業の当座預金口座には1000万円が入金される。このようにして1000万円の購買力が新たにつくりだされ，X企業はそれをさまざまな支払いにあてることができる。

では，この取引の結果，A銀行の資産と負債の状況はどのように変化するだろうか。バランスシートの上では，つぎのように，資産項目の貸し出し(loans)が1000万円増加する

と同時に，負債項目の預金(deposits)が1000万円増加する。

資　産	負　債
貸し出し　1000万円	預金　1000万円

つまり資産と負債がそれぞれ1000万円づつ増えたわけだが，この1000万円という資金は一体どこからもたらされたのだろうか。例えば，銀行が誰かの預金口座からこっそり取ってきたものなのだろうか。それならこの資金は盗んだお金ということになるが，もちろんそうではない。この1000万円はX企業の返済約束を信じたA銀行がその信用力に基づいて新たにつくりだした債権（貸し出し）であり，債務（預金）である。つまり，銀行は自らの社会的信用を背景に貸し出しを行い，貸し出すことで預金（貸借）を新しく創り出しているのである。銀行がこうして新たな預金を生みだすことを信用創造(credit creation)という。銀行融資(bank loan)という形態ではなく，銀行が企業の発行する債券を購入する場合でも，資金供給が信用創造（預金創造）を通じて行われる点は同様である。

ところで，X企業は銀行融資を受けた時点でA銀行に新しく1000万円の債務を負ったことになる。X企業はA銀行との約束にしたがってこの債務を返済しなければならない。それがうまくいくかどうかは投資計画が期待通りの成果をあげるかどうかにかかっている。X企業の生産・販売が計画通りに進み十分な利潤所得を得ることができれば，約束の期日までに融資額に利子を加えた額がA銀行に返済されるだろう。そうすると，この貸し出し債権は消滅し，それとともに，貸し出しによって創造された預金も消滅する。反対に，投資計画が所期の成果をあげなければ，予定通りの債務返済は困難になり，返済計画の見直しを迫られる。さらにX企業の業績が悪化し，支払い能力が低下した場合，この貸し出し債権は不良化することになるだろう。

銀行準備

さて，1000万円の融資を受けたX企業はその預金をY企業への支払いと従業員への賃金の支払いにあてるとしよう。すべての当事者がA銀行に口座をもつとすると，それはつぎのように行われる。まず，X企業の口座から購入代金が引き落とされ，Y企業の口座に同額が入金される。また，X企業の口座から賃金支払額が引き落とされ，各従業員の口座にそれぞれの賃金額が入金される。X企業のY企業と従業員に対する支払いは銀行内のこうした操作によってひとまず完了する。ところが，預金が振り替えられた結果，今度はA銀行がY企業とX企業の従業員に対して支払い義務を負うことになる。

X企業の従業員の多くは，早速，払い込まれた賃金の一部を引き出そうとするだろう。この求めに応じるためにA銀行は現金を用意しておく必要がある。一方，Y企業は入金された代金の一部をB銀行に口座をもつZ企業への振り込みや税金の支払いにあてるか

も知れない。そのときA銀行は，B銀行や中央政府からの支払い請求に備えて，中央銀行に一定額の当座預金を用意しておく必要がある。銀行間の決済や税の支払いには中央銀行当座預金が使われるからである。なお，日本では国は中央銀行に預金を保有し，この政府預金を使って民間との資金のやりとりを行っている。

　これらの例が示すように，銀行は自らが供給した預金額（貸し出し額）に応じて，いつでも支払いに応じられるよう，一定額の資金を銀行準備（bank reserves）として用意しておく必要がある。その資金は具体的には現金ないし中央銀行当座預金という形をとることになるが，こうした資金を必要とする一つの理由は銀行の資産が簡単に売却できる性質のものではないからである。この準備金が確保できない場合，その銀行は支払い要求に応じることが困難になり，決済業務は滞ってしまう危険がある。反面，準備金自体は利子を生まないため，銀行はその保有量をできるだけ低く抑えようとするだろう。実際にどのくらいの準備金が必要になるかは各銀行の取引状況によって違ってくるが，法定準備制度と呼ばれる制度のもとでは所要準備額は法律によって定められている。これは各銀行が預金残高の一定率を中央銀行当座預金として保有することを義務づけられ，それを怠ると，ペナルティを課せられるという仕組みである。その場合，必ずしも現金の保有を必要としないのは，後述の通り，銀行は中央銀行当座預金をいつでも現金として引き出せるためである。

　各銀行はこうして法定準備率（reserve requirement）に従い，準備金すなわち中央銀行当座預金の残高を適正な水準に保つよう努めねばならない。しかし，取引動向によっては，当然，実際の保有額が適正水準を下回り，準備金が不足する事態も起こり得る。例えば，予想以上に預金が引き出されたりした場合である。その場合，銀行は資産の売却により直ちにバランスシートを圧縮するという方法はとれないため，準備金を余分に保有する別の銀行から資金を一時的に借り受けることで，準備金の不足を解消する。この銀行間の資金のやりとりは日本では主にコール市場と呼ばれるインターバンク市場を通じて行われ，その際に用いられる金利をコールレート（call rate）という。コールレートは短期金融市場における最も基本的な金利とされている。

　銀行間のこうした取引は，他方の資金を供給する側の銀行からすれば，余剰資金の運用ということになる。実際，保有する中央銀行当座預金が一時的に適正水準を上回った場合，その銀行にとっては，中央銀行当座預金には金利がつかない以上，それを短期市場で運用することが好都合である。いずれにしても，銀行全体で適正な額の準備金を確保している限り，各銀行がコール市場などで互いに資金を融通しあうことでそれぞれの準備金の不足や過剰は調整されるのである。

　しかし，預金が大量に引き出されるなどして，銀行全体に準備金不足が生じたようなケースでは，そうした銀行間での調整は事実上，不可能になる。準備金に対する超過需要の発生とともに，コールレートは急騰し，多くの銀行が資金調達の困難な状態に陥るだろう。こうした事態を未然に防ぐためには，全体的な準備金不足を解消するのに十分な量の資金

が民間金融機関の外部から速やかに供給されなければならない。そこで登場するのが「最後の貸し手(lender of last resort)」たる中央銀行である。つぎに中央銀行の貨幣供給について見よう。

現金の供給

　銀行は信用創造（貸し出し）によって預金を供給する。ところが，前項で述べたように，預金には準備金という裏付けが必要である。これは銀行貨幣が法定貨幣によって支えられているということであり，いいかえれば，銀行（信用）制度が中央銀行という中心的な担い手を必要とするということである。法定貨幣とは中央銀行によって供給される貨幣であり，具体的には現金および中央銀行当座預金を指す。

　さて，小口の取引では現金による支払いが広く行われており，現金は欠かせない支払い手段である。人々は日常的な取引に必要な現金をどのようにして入手しているだろうか。人々は普通，現金が不足すると，銀行に行って預金を引き出す，という方法でこれを手に入れる。それに対して銀行は，中央銀行に保有している当座預金を取り崩すことによって，預金の払い戻しに必要な現金を調達する。つまり，現金の供給源となっているのは中央銀行当座預金であり，(1)銀行による中央銀行当座預金の引き出し，(2)家計や企業による銀行預金の引き出し，というステップを経て，現金はそれを必要とする人々の手元へと届けられるわけである。

　中央銀行から銀行を経由して人々の手元に届いた現金は，早速，財・サービスや証券の購入，税の支払いなどにあてられ，その後も保有者を変えながら，支払い手段として家計や企業のあいだを流通する。一方，支払い手段として利用されなくなった現金は銀行に持ち込まれ，預金として預けられる。こうして銀行口座に舞い戻った現金は，すぐ引き出されるものを残して，再び中央銀行にもち込まれ，そこで当座預金として預け入れられることになる。余分な現金が，(3)預金の預け入れ，(4)中央銀行当座預金の預け入れ，という上とは逆の経路で中央銀行へと還流していくのである。

中央銀行当座預金の供給

　中央銀行当座預金は銀行制度のなかで，現金支払いの準備，銀行間の決済手段など，さまざまな機能を演じている。その残高は銀行の日々の取引とともに変化しているが，ここでは，全体としてみた中央銀行当座預金残高に不足が生じた場合，必要な資金がどのようにして供給されるかを検討してみよう。

　ところで，前項の議論から明らかなように，人々が預金を引き出すと，中央銀行当座預金残高は減少する。同様に，人々が税を支払うと，中央銀行当座預金残高は減少する。これは，国税の納付が銀行を介して行われ，その決済に中央銀行当座預金が使われるからである。例えば，家計が税を納める場合，銀行の窓口に行き，預金の引き落としなどの方法

で指定の金額を払い込む。中央銀行はこの通知を受け，後日，その金額を中央銀行当座預金から引き落とし，政府預金に付け替える。税の支払いは，中央銀行当座預金から政府預金へと資金を移動させることで，中央銀行当座預金残高の減少を招くのである。なお，政府の支出や給付は，納税とは逆に，中央銀行当座預金を増加させる要因である。

さて，預金の引き出しや納税などによって中央銀行当座預金が減少し，全体の残高に不足が生じた場合，上述の通り，銀行間の調整は事実上不可能になる。したがってその場合，中央銀行が残高不足を補うための資金を供給せねばならない。中央銀行による資金供給には大きく二つの方法がある。

その一つは中央銀行貸し出し(central bank loan)である。これは具体的には，中央銀行が手形や国債を担保にとって銀行に資金を貸し付けるという方法である。その際に適用される基準金利のことを公定歩合(discount rate)という。中央銀行の貸し出しが借り手である銀行の当座預金残高を増加させるのは，銀行による貸し出し（信用創造）が借り手企業の当座預金残高を増加させるのと同じ仕組みによっている。

もう一つのより一般的な方法はオペレーション(open market operation)である。オペレーションとは中央銀行が資金供給や資金吸収のために銀行以外も参加するオープン市場で国債，手形などを売買することである。オペレーションにもいろいろな種類があるが，その目的に応じて大きく二つのタイプにわけられる。一つは中央銀行が債券等を買う取引であり，これを「買いオペ」と呼ぶ。もう一つは中央銀行が債券等を売る取引であり，「売りオペ」と呼ばれる。

このうち資金供給のために行われるのは買いオペレーションである。このオペレーションの基本的な仕組みは，中央銀行のオファーに対して，資金を必要とする銀行が保有する債券を売りに出すと，購入代金がその銀行の預金口座に振り込まれ，中央銀行当座預金残高は増加する，というものである。当然のことながら，中央銀行が買いオペレーションを実施するための前提として，銀行が国債などの安全な債券を予めたくさん保有しておくことが必要である。

以上の説明からわかるように，民間銀行が保有する中央銀行当座預金残高に不足が生じた場合には，中央銀行が買いオペレーションや貸し出しを通じて追加的な預金を供給することになるのである。

5.3 中央銀行と金融政策

前節の議論から，中央銀行が銀行制度の要としてきわめて重要な役割を演じていることが明らかになった。しかし，中央銀行は法定貨幣の最終的供給者として単に民間からの貨幣需要に受動的に応じるだけの機関ではない。中央銀行は広い意味での政府の一機関であ

り，自ら金融システムの舵取り役となってマクロ経済にも積極的な働きかけを行っている。金融システムというのは，貨幣・決済制度，金融機関，金融市場などからなる経済機構を総称する言葉である。この節では，政策担当者としての中央銀行の役割を明らかにする。

中央銀行の機能

まず，中央銀行の基本的な機能を再確認しておこう。これまでの議論によると，中央銀行は，一国の銀行制度のなかで，つぎのような役割を演じている。第1に，中央銀行は銀行券（紙幣）を発行する国内における唯一の銀行である。中央銀行が発行した銀行券は強制通用力をもった一般的な支払い手段として広く使われ，人々の間を流通している。同じく強制通用力をもつ現金として硬貨があるが，それを発行するのは中央政府である。ただし，硬貨も中央銀行の窓口を通じて銀行へと払い出され，企業や家計の手に渡るという点では銀行券と共通している。

第2に，中央銀行は民間の銀行に対してさまざまな銀行業務を行い，銀行の銀行として機能している。例えば，中央銀行は銀行間の決済に伴う資金の移動を銀行に代わってとり行う。また，銀行準備が不足すると，貸し出しやオペレーションを通じて必要な資金を銀行に供給する。そうした業務に使われるのが銀行の中央銀行への預け金，すなわち中央銀行当座預金である。この当座預金の受け入れや払い戻し（これが銀行券の発行となる）などの業務を含め，中央銀行は銀行が企業や家計に行うのと同様の仕事を銀行に対して行う。

第3に，中央銀行は中央政府から預金を受け入れ，税の収納や政府支出，移転支出に伴う決済業務を行う。前節で述べたように，納税や政府の民間への支払いは銀行を介して行われるが，それらの取引は最終的に中央銀行に保有されている預金の振り替えで決済される。例えば，人々が税を納めると，中央銀行は中央銀行当座預金からその金額を引き落とし，政府預金口座に入金する。反対に，政府が事業費や年金などを企業や家計に支払うと，中央銀行はその金額を政府預金口座から引き落とし，中央銀行当座預金に入金する。また中央銀行は，政府が国債を民間の人々に売り出す場合には，募集，登録，決済などの事務手続きを政府に代わって行う。これらは一般に政府の銀行と呼ばれる機能である。

以上の三つの機能に加え，中央銀行にはもう一つの重要な働きがある。それは金融政策担当者という役割である。金融政策(monetary policy)とは金融システムに対する働きかけを通じたマクロ経済政策のことであり，中央銀行はその中心的な担い手にほかならない。つぎに中央銀行の金融政策について見よう。

金融政策の目標

さて，金融政策は何のために行われるのだろうか。金融政策は財政政策と並ぶマクロ経済政策のもう一方の柱であり，その究極の狙いはマクロ経済の安定にある。具体的には金融政策の最終的な目標としてつぎの二つがあげられる。その一つは物価の安定である。こ

れは物価水準すなわち生産物の平均価格を安定させるという目的であり、そのなかには国内物価を対外的に安定させることも含まれる。また、物価は貨幣の価値（購買力）と表裏の関係にあるから、この目標は貨幣価値の安定といい直すこともできる。もう一つの目標は安定的で持続的な経済成長の達成である。マクロ経済が持続して成長していくためには過度の失業を生みださないことがきわめて重要であるから、この目標は適切な雇用水準の維持といいかえることができよう。

そうした最終目標を達成するために中央銀行は何をするのだろうか。政府が支出や税を動かすことで総需要を直接コントロールできるのに対して、中央銀行にはそのような政策手段は与えられていない。それにもかかわらず、中央銀行がマクロ経済の安定に貢献できるのは、利子率や貨幣量などの重要な経済変数を動かせる立場にいるからである。

利子率の変化が投資への効果を通じて総需要に影響を及ぼすことは前章で学んだ。また、中央銀行に利子率や貨幣量を動かす力があるのは、前節で見たように、法定貨幣の独占的な供給者だからである。これらの点から、一般に金融政策の中間的な目標としてあげられるのは金利ないし貨幣供給量である。中央銀行は法定貨幣の供給量を意図的に調節することで金利や貨幣供給量を変化させ、その効果を通じて間接的にマクロ経済の安定化をはかるというわけである。では、金利や貨幣供給量を動かすためにどのような政策手段が用いられるのか。次項ではその具体的な中身について明らかにする。

ところで、金融政策の最終目標は物価の安定と雇用水準の維持にあると述べたが、実は、この二つの目的は常にかみあうわけではない。次章以下で論じるように、マクロ経済ではしばしば物価の安定（物価上昇の抑制）と雇用の確保が両立し得ないような状況が生まれる。そうした状況では、普通、中央銀行は物価の安定に力点を置いた金融政策を進めようとする。「通貨の番人」を自認する中央銀行が失業増加という代償を払ってでも貨幣価値の下落を阻止しようとするのはある意味で当然だろう。ところが、中央銀行のこうした政策態度に政府が同調する保証はない。むしろ、選挙民の意向を重視する政府の場合、貨幣価値の安定よりも雇用の確保を重視するのが通常の姿である。そのため、二つの目的が相反する上のような状況では、中央銀行と政府の政策スタンスに明確な対立が生まれやすい。金融政策を実行するにあたって、中央銀行が「政府からの独立性」を求めるのは、とくにそうした際に強まる政府からの反対圧力を封じる狙いがある。

金融政策の手段

中央銀行が行う金融政策の手段としては、(1)準備率操作、(2)公定歩合操作、(3)公開市場操作、の三つがある。そしてそれらは、金利や貨幣供給量にどのような効果を与えるかによって、金融緩和策と金融引き締め策とに分けられる。前者は金利の低下や貨幣供給量の増加を導くための政策であり、後者は逆に金利の上昇や貨幣供給量の減少を導くための政策である。それぞれの政策手段について見よう。

まず，前節で説明したように，銀行は法定準備制度のもとで預金残高の一定比率を中央銀行当座預金として保有するよう義務づけられている。(1)はその準備率を変更する政策である。中央銀行が準備率を引き下げると，銀行の準備金保有にかかわる負担が軽減され，貸し出し余力は高まる。その結果，貸し出しが促進され，銀行預金の量は増大するだろう。反対に，中央銀行が準備率を引き上げた場合，銀行は貸し出しを押さえる必要があるから，銀行預金の量は減少するだろう。

　公定歩合は，前節で述べたように，中央銀行が銀行に貸し出す際の基準金利のことである。(2)はその貸し付け利率を変更する政策である。公定歩合の引き下げは銀行の資金調達コストの低下を意味するから，結果的に銀行の貸し出しを拡大させる効果をもつだろう。反対に，公定歩合の引き上げには銀行貸し出しを抑制する効果がある。

　公開市場操作とはオペレーションのことであり，中央銀行と銀行との間で行われる国債や手形の売買取引を指す。(3)はこの債券取引を通じて中央銀行当座預金残高を調整し，金利を操作する政策である。中央銀行が買いオペレーションを実施すると，金利は低下し，中央銀行当座預金残高は増える。準備金の増加は銀行に貸し出しを促すことになるから，結果的に銀行預金の増加につながるだろう。反対に，売りオペレーションには金利を上昇させ，中央銀行当座預金や銀行預金を減少させる効果がある。

金融政策・金利・貨幣供給量

　中央銀行が行う金融政策には以上のようなものがあるが，実際にそれらは金利や貨幣供給量に対してどの程度の効果を及ぼすのだろうか。中央銀行が日常的業務のなかでおもな政策手段として用いているのはオペレーションである。ここではオペレーションを例に，金融政策の実際の効果について考えてみよう。

　金融政策の展開にあたって中央銀行が直接の標的とするのは，短期金利の代表的指標とされるコールレートである。コールレートというのは，前節で述べたように，銀行が互いに準備金を貸し借りする際の金利のことである。実際，中央銀行はコールレートの動きを正確につかむことができるし，準備金（中央銀行当座預金）の独占的な供給者として，それを裁量的に操作できる立場にある。

　例えば，コールレートが高すぎると判断すれば，中央銀行は買いオペレーションの規模を拡大して銀行に十分な量の資金（中央銀行当座預金）を供給することで，コールレートを適正な水準まで低下させることができる。反対に，コールレートが低すぎるという判断であれば，売りオペレーションを拡大して銀行が保有する資金を吸収し，これによりコールレートを適正水準まで上昇させることができる。

　このように中央銀行はコールレートを標的にして資金量（中央銀行当座預金残高）を調整し，そのことを通じて短期金利を望ましい水準へと導くことができる。しかし，投資を大きく左右する長期金利に関しては，中央銀行にそれを直接コントロールするだけの力は

備わっていない。長期金利の決定には予想（将来に対する見通し）という要素が強く働くため，たとえ短期金利をほぼ望み通りに操ることができたとしても，それだけでは必ずしも長期金利を望ましい方向に誘導することはできないからである。実際，中央銀行がオペレーションによって短期金利を変化させたにもかかわらず，人々の予想が変化しないため，長期金利はほとんど影響を受けないということも起こり得る。

　金融政策の効果を考える上でさらに重要な点は，そもそも中央銀行は，銀行預金の総量を，したがって貨幣供給量を直接コントロールできる立場にはないということである。銀行預金の量を決めるのは銀行貸し出しである。そして，銀行貸し出しは非金融部門の資金需要に応えて行われる。それは最終的には営利の原則に従いながら，銀行と借り手企業との交渉によって決まる。貸し出しを通じて銀行預金が供給されれば，今度は中央銀行が，銀行の準備金に対する求めに応じて，必要な額の中央銀行当座預金を用意してやらねばならない。それを怠れば，中央銀行は短期金利を調節する力を失う。その意味では，銀行からの資金需要に対して中央銀行は，法定貨幣の最終的な供給者として，いうならば受動的に応じざるを得ない立場におかれているのである。中央銀行の政策決定が長期金利や貨幣供給量に影響を与えることはたしかであるが，こうした点を考慮に入れると，その政策効果には明らかな限界がある。

第6章 マクロ変動とマクロ政策

　第4章と第5章では，第3章で明らかにしたマクロ経済の仕組みを念頭において，マクロ政策の基本的な考え方を示した。その説明によると，それぞれ国の政府は，財政・金融面で適切な政策を講じることで，その国の雇用水準を望ましい水準へと導くことができる。ところが，各国の雇用動向を実際に調べてみると，高い雇用水準を持続的に維持することは現実にはきわめてむずかしいものであることがわかる。なぜだろうか。

　この章では，資本主義経済の変動という問題をとりあげ，マクロ政策の目的を再確認すると同時に，その限界について再考する。前章までの議論では，生産性や価格，賃金は雇用（生産）水準にかかわらず一定である，と仮定してきた。以下ではこれらの仮定をはずしてマクロ経済の重要な側面をとらえてみたい。

6.1　マクロ経済の変動

　前の二つの章では，総需要の不足により多くの失業者と遊休設備を抱えて停滞するマクロ経済をとりあげ，どうすれば雇用水準を高めることができるかを考えた。しかし，現実のマクロ経済はつねに同じ状態にとどまっているわけではない。時の経過とともに経済はその表情を大きく変える。例えば，前章までの想定とは逆に，経済が高い総需要のもとで生産設備や労働力のフル稼働状態を出現させることもある。つまり，人間と同様，経済にも調子のいいときと悪いときがあり，盛り上がったり落ち込んだりするというわけである。

景気循環

　経済の調子(mood)のことを日本語では普通，景気と呼んでいる。また，経済全体の活動が活発で元気のある状態を好況(boom)，反対に経済活動が低調で元気のない状態を不況(slump)などというが，こうした呼称が物語るように，景気はその時々によってかなり大きく変化している。もちろん，好況だからといってすべての企業が同じように調子がいいわけではないし，不況にもかかわらず元気のいい企業はある。景気とはあくまでも経済全体の体調を指す言葉である。前章では不況期の経済を想定したが，この節では，景気や好・不況の違いについてあらためて検討してみよう。

　各国の成長率や鉱工業生産指数を一定期間追ってみると，例外なくつぎのような現象が観察される。ある時期，経済活動が活発化して急激な拡大が見られたかと思うと，そのつぎの時期には活動が急速に収縮して経済全体が停滞する，という上下動の繰り返しである。

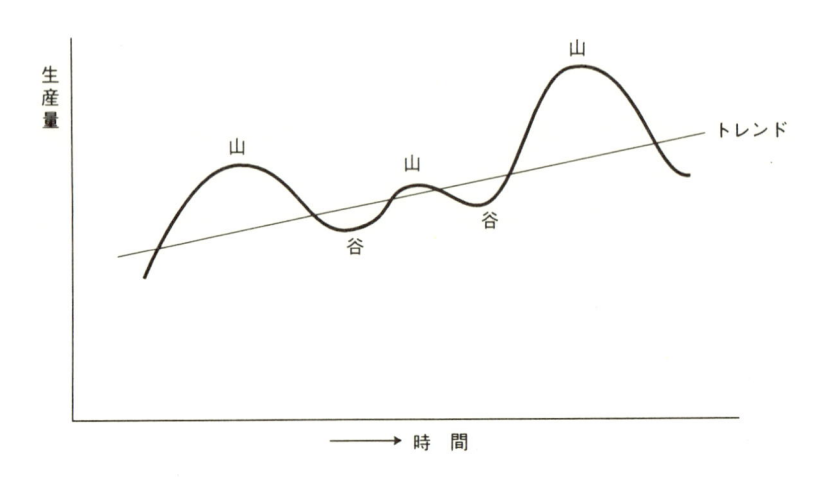

図6-1 景気循環

　図6-1はその典型的な姿を描いた図である。この図のように，マクロ経済がほぼ一定のリズムで，上昇（upturn）ないしは拡張（expansion）と下降（downturn）ないしは後退（recession）を交互に繰り返しながら推移していく現象のことを景気循環（business cycle）という。景気循環は資本主義経済に見られるきわめて特徴的な運動パターンである。

　図に記されているように，景気が上昇局面（拡張期）から下降局面（後退期）へと転換する点を山（peak）と呼び，下降から上昇への転換点を谷（trough）と呼ぶ。そして，景気の変動の激しさを表す山と谷の高度差を指して景気の振幅という。また，谷→上昇→山→下降→谷の一巡にかかる持続期間（duration），すなわち一つの谷からつぎの谷までの長さのことを周期と呼んでいる。資本主義経済には，持続期間が数年のものから数十年のものまで，さまざまなサイクルがあるといわれるが，ここでは主に数年周期のサイクルについて考えよう。

景気循環と総需要

　ところで，経済の状態が良くなったり悪くなったりして，人々の暮らし向きに影響を与えることは，資本主義以前の経済でもしばしば見られた現象である。しかし，それらは基本的に，天候不良，自然環境の偶発的変化，自然災害，疫病，政治的混乱など経済以外の要因によって引き起こされた生産能力そのものの不規則的な変動であった。資本主義経済の景気循環は，通常，そうした経済変動とは異なり，経済の生産能力に対して総需要が変動するという形で，経済自体の動きのなかに，ある程度の規則性をもってあらわれるのが特徴である。

では，資本主義経済で総需要が変動するのはなぜだろうか。さまざまな理由をあげることができるが，その主たる原因は投資支出がその時々のマクロ経済の状況によって大きく左右されることにあると考えられる。企業が投資支出を行うのは，購入した資本財を使って将来利潤をあげるためである。したがって，近い将来に高い利潤が見込まれるのであれば，投資は大きく膨らむ。反対にその見通しが暗くなれば，投資は急速にしぼむ。投資支出は企業の収益見通し次第で不安定に動くのである。

企業が将来の収益性に明るい展望をもつような状況では，投資は積極的に行われるだろう。企業による投資支出の増加は，第3章で見たように，それを上回る総需要（総生産）の増加をもたらす。その結果，企業が将来の収益に対してさらに楽観的な見通しをもつことになれば，投資はさらに増えて，総需要（総生産）はますます増大していく。そうした拡張的な累積効果が好況と呼ばれる経済状態をつくりだすのである。

しかし，このような状況はどこまでも続いていくわけではない。というのは，企業の楽観的な収益見通しはやがて好景気の持続それ自体によって大幅な修正を迫られることになるからである。景気循環をめぐっては「不況の唯一の原因は好況である」などということがいわれるが，好景気の持続がなぜ収益見通しを暗転させるかの説明は 6.3 節であらためて行うことにしよう。

収益悪化の理由は別にして，いったん企業の収益予想にかげりが生じると，今度は投資支出の減少という事態が発生する。そして，それをきっかけに，上とは逆向きの収縮的な累積効果が働いて，経済は不況に陥る。投資の不安定な動きはこうして総需要（総生産）の一層拡大された変動を引き起こし，景気の波をつくりだすのである。第3章では投資の増加がどのように総生産の増加をまねくかを学んだ。ここでは，それと同様の考えに基づいて，投資減退による景気後退の仕組みをとらえてみよう。

下向きの乗数過程

まず，図 6-2 のようなマクロ経済を想定しよう。経済ではいま N_F の労働者が雇用されている。そのときの総供給は yN_F である。他方の総需要を見ると，N_F の雇用水準のもとでは，民間需要と政府需要をあわせて，yN_F に等しい額の支出が経済全体で計画されている。つまり，この雇用水準で，総供給と総需要とが一致して，経済はマクロ的に均衡する。そのとき企業の予想した需要額（生産額）は現実の需要額に等しく，企業はこの生産水準に満足するだろう。

ところが，この状態で，もし企業が何らかの理由により投資計画を変更する動きにでたとしたら，経済にはどのような事態が起こるだろうか。例えば，企業が将来の収益性に不安を抱き，ΔI だけ投資支出を削減したと仮定してみよう。これまでの議論をこのケースにあてはめて考えると，企業によるこの支出計画の変更は AD を ΔI だけ下方にシフトさせることになり，たちまち経済には ΔI に等しい額の超過供給が発生する。

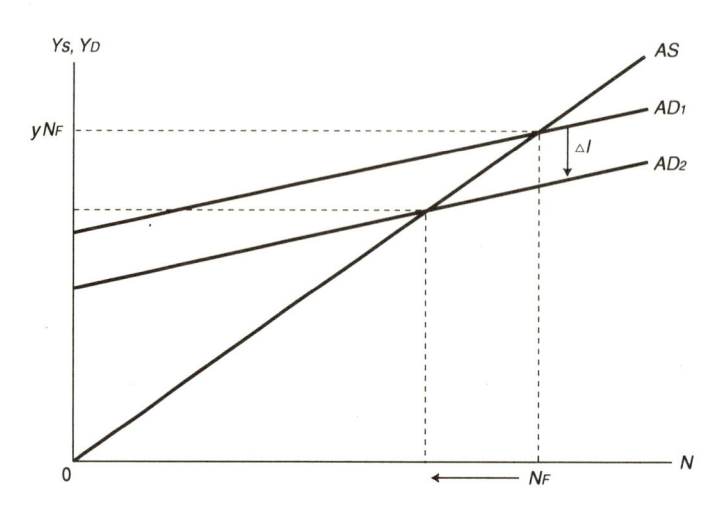

図6-2 投資の減退に伴う雇用変化

　この超過供給の発生に対して，企業が雇用（生産）量の削減で応じるとすると，雇用削減に伴う賃金所得の減少の結果，消費支出も減る。この第2次的な支出減によって雇用量削減の動きはさらに広がる。こうした動きはつぎつぎと波及していくことになるが，経済全体でどれだけ雇用（生産）量を減少させるだろうか。
　その点はすでに学んだ。投資の乗数効果と呼ばれる働きがそれである。ただし，この場合，第3章のケースとは違い，乗数効果は雇用量を拡大する方向にではなく，それを縮小する方向に作用する。そこで，第3章と同じように考えると，雇用量は最終的にΔIに雇用乗数を乗じた大きさだけ減少し，生産量はΔIに産出乗数を乗じた大きさだけ減少することがわかる。また，同様に明らかなように，乗数の値が大きいと，それだけ雇用や生産の落ち込みは大きい。
　こうして投資支出の突発的な削減は総需要の減少を誘発し，結果的に雇用（生産）水準を大幅に低下させる。乗数効果による生産額の落ち込みは最終的に当初の投資削減額を上回る規模に達する。投資削減額や乗数の値によっては，この効果だけでも経済にはかなりの影響がでるが，雇用（生産）量減少の動きはおそらくそれだけではおさまらないだろう。なぜなら，総需要が減少すると，企業の収益予想は悪化するため，企業の投資態度はより一層消極的になる可能性が高いからである。実際に企業が投資支出をもっと減らしたとすると，上と同じ理由から雇用（生産）量はますます減少する。こうして投資の減退は総需要を減少させ，そのことが投資のさらなる減退を引き起こすのである。その結果，総需要は累積的に収縮し，雇用（生産）水準はどんどん低下していく。そのような動きが景気の後退をもたらすのである。

6.2 景気とマクロ政策

　前の二つの章で説明したマクロ経済政策の目的の一つは，こうした投資の不安定な動きによって引き起こされる景気の波をできるだけ小さくし，経済を安定化させることにある。マクロ政策が景気政策とか安定化政策とか呼ばれるのはそのためである。この節では，これまでの議論の流れにそって，マクロ経済を安定化させるための政策がどう行われるかを簡単に再点検しておこう。

景気政策
　これまでの説明によると，投資支出の削減をきっかけにして経済全体の生産水準が大きく落ち込み，景気は後退局面に入った。ところが，この状況で，もし政府が民間企業の支出削減という動きに対応して赤字支出を増やす行動にでたとすると，どうだろうか。
　政府の支出増加には投資支出の削減を補い，その効果を減殺する働きがある。したがって，政府が赤字支出を増やした場合には，上で見たような総需要（総生産）の大きな落ち込みは防止される。つまり，民間の支出削減という動きに対して，政府は自らの支出を意図的に増加させることで，民間部門の需要低下の影響を弱め，経済の下方への大きな揺れをある程度緩和できるのである。
　もちろん，こうした政策効果が期待できるのは赤字支出の増加策だけではない。総需要の低下を防ぐという意味では，例えば，民間部門の支出を促すために行われる減税策にも同様の効果が期待されるだろう。さらに金融面での対応として，中央銀行による公定歩合の引き下げや買いオペレーションなどの金融緩和策が考えられる。
　つぎに，上のケースとは異なり，いわゆる景気の過熱(overheating)により総需要の水準が潜在的生産水準を上回るような事態が発生したと想定してみよう。こうした事態に対して，政府はどのような政策的対応をとるべきだろうか。
　これは総需要が経済の潜在的な供給能力を上回る状況であるから，物価の上昇を引き起こす危険性が高い。したがって，物価の安定を優先する立場からは，上のケースとは逆に，総需要の抑制が求められるだろう。この場合，中央銀行や政府に要請されるのは公定歩合の引き上げや売りオペレーションなどの金融引き締め策に加え，支出削減や増税といった財政面での対応である。しかし，その効果が行き過ぎれば，このような対応は景気後退の引き金となることも考えられる。なお，物価上昇に対する政策対応の問題点については次章であらためて触れる。
　ところで，政府の景気政策がうまく機能するには，それが確実で迅速な効果をもつというだけでは十分ではない。景気対策にとって大切な点は，その時々の経済状態に見合った

対策がタイミングよく行われることである。したがって，政府が民間需要の動きを正確に知ると同時に，財政支出を迅速かつ自由に動かすだけの機動力をもっていることは，景気政策が有効であるための前提条件である。ところが，実際には，景気の判断や予測はむずかしいし，財政計画の策定には相当の時間を要するのが普通である。とくに政府支出の削減や増税には強い抵抗があって，その実行は容易ではない。この意味で政府の景気政策には明らかな限界がある。しかも，上で述べたように，政府の積極的な介入自体が景気循環を引き起こすという側面もある。

自動的安定化

　以上では，政府が財政や利子率を意図的に操作し，経済の揺れを小さくする裁量的な政策について説明した。マクロ経済には，こうした政府の自由裁量に基づく景気政策とは別に，景気の変動を小さくするような安定化の仕組みが働いている。その仕組みは制度自体に組み込まれ，自動的に作用することから，自動安定化装置(automatic stabilizer)などと呼ばれている。

　自動安定化装置の一例は失業保険制度である。失業保険制度というのは，所得の一定割合を保険料として徴収し，失業時に給付金を支払う社会保険制度のことである。この制度のもとでは，不況になって失業が増えると，それにつれて失業保険給付額は増大する。したがって，その分失業増大に伴う消費支出の落ち込みは抑えられるだろう。反対に好況時には，失業給付額が減る一方で，所得から徴収される保険料は増えることになるから，その分消費支出は抑制される。つまり，この制度は乗数の値を小さくすることで，マクロ経済を安定化させるよう機能するのである。

　同様の安定化作用は，所得への課税によって政府支出の財源を賄う財政制度そのもののなかにも働いている。例えば，不況期には所得は減少し，それとともに税収は落ち込む。政府がそのなかで一定の政府支出を維持しようとすれば，財政赤字は自動的に膨らむ。この赤字支出の増加は，上で見たように，民間支出の不足を補う形で総需要を押し上げ，景気を刺激する。逆に，好況期には所得の増加によって税収が増えるため，財政赤字は自動的に縮小する。その分総需要は抑制され，景気は鎮静化する。

　税制が，所得額が高くなるにしたがって税率がより高くなる，累進的な構造をもつ場合には，税収の増減は所得の増減以上に大きくなるから，安定化の効果はさらに強まる。例えば，累進税(progressive tax)のもとでは，景気が悪化して生産（雇用）水準が低迷すると，実効税率は自動的に低下し，赤字支出は膨らむ。このような状況でさらに政府が支出を裁量的に増やし，減税を行った場合には，民間支出に対するより強い刺激が生まれるだろう。

6.3 景気と利潤

6.1 節では，第 3 章と同様の考えに基づいて，投資の減退による景気後退の仕組みをとらえた。しかしそこでは，そもそも好況の持続がなぜ投資の減退をまねくのかという肝心な点は明らかにされなかった。

では，経済の拡張過程が続くと，どうして投資の減退をまねくのだろうか。結論からいうと，好景気による雇用（生産）の拡大過程が最終的に企業の収益性悪化，すなわち利潤率の低下という事態を引き起こすからである。

図 6-3 は，雇用動向と利潤率との関係を見るために，日本の 1980 年から 1997 年までの雇用率（生産年齢人口に占める就業者の比率）を横軸に，そして，その年の利潤率を縦軸にプロットして，その間の推移を描いた図である。この図からは利潤率が雇用率の上昇とともにどう変化していくかをうかがうことができる。それによると，つぎのような動きが見られる。すなわち，利潤率は当初，雇用率の上昇とともに上昇するものの，やがて上限にぶつかり，それ以降は，雇用率の上昇とともに低下していく。

では，どうして雇用の拡大は収益性の悪化につながるのだろうか。ずばりそれは，マクロ経済の生産条件や分配条件が景気の変化とともに大きく変わるためである。利潤率の決定因にそくして，その辺りの事情を探ってみよう

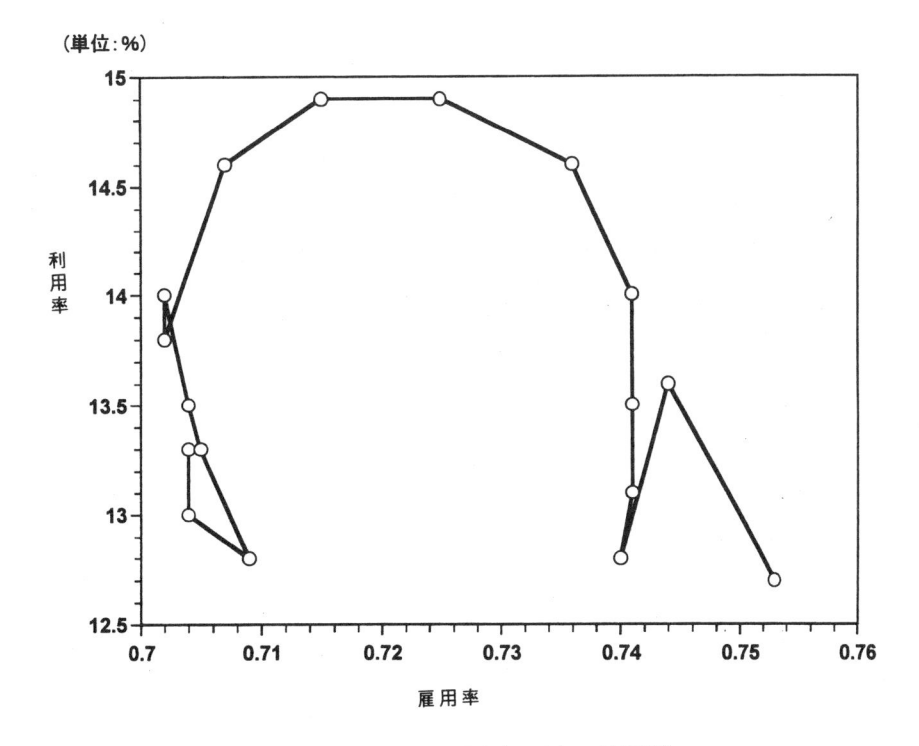

図6-3 雇用率と利潤率（1985年～1997年）

資料：OECD, *Labour Force Statistics* 1977-1997.
OECD, *Economic Outlook.*

利潤率の決定因

さて，利潤率(r)は利潤(R)を経済全体の総資本額(K)でわったものであり，

$$(6.1) \quad r = \frac{R}{K}$$

である。ここで現実の総生産を Y，生産設備が正常に稼働したときの総生産を Y^* で表すと，利潤率はつぎのように書きかえられる。

$$(6.2) \quad r = \left[\frac{R}{Y}\right]\left[\frac{Y}{Y^*}\right]\left[\frac{Y^*}{K}\right]$$

(6.2)式によると，利潤率を決めるのは，R/Y，Y/Y^*，Y^*/K である。まず，R/Y は利潤と総生産（総所得）の比率であるから，利潤分配率を表す。また，Y/Y^* は現実の生産水準と正常稼働時の生産水準との比率であり，生産設備の稼働率を表している。Y^*/K は正常稼働時の生産水準と総資本額の比率である。これを産出・資本比率(output-capital ratio)と呼ぼう。(6.2) 式は，したがって，利潤率の動向が利潤分配率，産出・資本比率，稼働率という三つの要因によって規定されることを示す。

(6.2)式では利潤率の決定因を 3 要因に分解したが，この式からもわかるように，利潤率の低下にはさまざまな理由と経路が考えられる。また，経済の拡張過程に伴う利潤率の低下にもいくつかのパターンが考えられる。ここでは，資本主義経済の動向は労資の対抗関係によって大きく左右されるという観点に基づいて，利潤率の低下をもたらす一つの典型的ケースをとらえてみよう。

これまでは，時間あたり生産額や賃金率は雇用（生産）水準に関係なく一定である，と仮定して議論を進めてきた。以下では，y や w が一定だとする前提を捨て，マクロ経済の局面変化に応じて生産条件や分配条件がどのように変わるかを検討する。

景気と労資関係

景気動向が労使関係にどう影響するかを考えるために，まず，不況局面にあるマクロ経済を想定してみよう。景気が低迷し，経済が高失業・低雇用の状態にあるとき，仕事にありつける労働者は幸運である。このような雇用環境のもとでは，いったん職を手放すと，それに代わる新しい職を得るのはむずかしい。そのことをよく知る現職労働者は安い賃金も甘んじて受け入れ，まじめに働こうとするだろう。そうした状況では労働現場に大きな不満があったとしても，労働条件の改善要求が声高に主張されることはないし，労働組合も雇用の確保を優先して雇用交渉の場であまり強い態度はとらないだろう。

ところが，景気がよくなり，雇用が拡大していくにつれて，状況は変わってくる。雇用機会が増え，失業率が低下するとともに，雇用主に対する労働者の立場はだんだんと有利になってくるからである。そうした雇用環境の変化を背景にして労働者が強い要求を突きつけるようになれば，雇用主としても労働者から高い努力支出を引き出すために賃金や労

働条件の面で一定の譲歩をせざるを得ない。要するに，好景気が続き，失業率が低下するにつれて，労働者の交渉力はだんだんと強まっていくのである。

こうした労資の力関係の変化はさまざまな形であらわれてくるが，ここでは最低要求賃金という考えを使ってその効果をとらえてみよう。最低要求賃金というのは，労働者が受諾する最低限の賃金率であり，万一失職しても，それに等しい額の所得は何らかの形で確保できると期待されるため，労働者にその仕事を辞めてもかまわないと思わせるような賃金率のことである。

最低要求賃金とは，見方をかえると，労働者が職を失った際に見込まれる所得額のことである。したがって，それを規定しているのは，再就職の確率と再就職した場合に期待される所得額の二つである。また，失業保険制度のもとでは，労働者は再就職するまでのあいだ，一定期間にわたり失業保険給付を受け取ることになるから，失業保険の給付条件も最低要求賃金の水準に影響を与えるだろう。失業給付の条件を決めるのは，給付期間とその所得補填率(replacement rate)である。ここで失業給付の所得補填率と呼んでいるのは，失業保険の給付額と失職前の所得額との比率のことである。これは失業給付が働いていたときの所得をどの程度カバーするかを表す。給付期間が短く，所得補填率が低ければ，労働者にとってはそれだけ失業保険の給付条件が厳しいということである。

いま，これらの失業保険の給付条件は一定だとすると，最低要求賃金は，労働者が職を失った場合，再就職するまでにどれくらいの失業期間が予想されるか，という事情に大きく依存している。つまり，最低要求賃金は固定的なものではなく，雇用環境がどうであるかによって変わってくるのである。

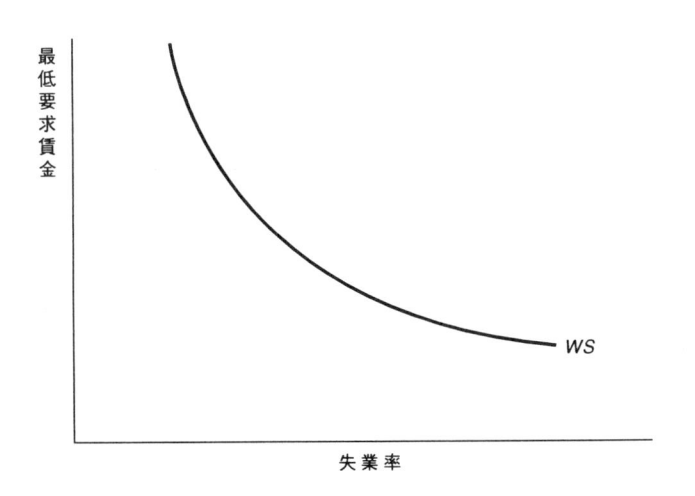

図6-4 最低要求賃金と失業率

例えば，不況期には，労働者がいったん職を失うと，なかなかつぎの仕事が見つからず，その人は長期間の失業を余儀なくされる。このような状況では当然，最低要求賃金は低い。これに対して，好況期の，すぐ代わりの仕事が見つかるような雇用環境のもとでは，最低要求賃金はそれだけ高くなる。したがって，最低要求賃金と失業率には図 6-4 の WS のような関係があると考えられる。

高雇用と収益性の悪化

　これまでの説明から，マクロ経済が低雇用の状態から高雇用の状態へと移行するにつれて，最低要求賃金は次第に上昇していくことがわかる。最低要求賃金の上昇とともに，労資の雇用交渉によって妥結する賃金率は引き上げられ，その結果，労働費用は上昇するだろう。雇用（生産）水準の上昇はこうして労働費用の上昇をまねくことになるが，さらに，生産の拡大が続けば，労働費用に加えて原材料費用も押し上げることになるだろう。

　生産費用の上昇は，他の事情に変化がなければ，利潤の低下に結びつく。したがって，企業が一定の利潤を確保するには価格の引き上げや販売量の拡大が必要になってくる。実際，好況局面では高い総需要に支えられて物価上昇の動きが生まれ，そのもとで生産・販売の拡大という企業にとって望ましい状況がしばらくは続くだろう。しかし，費用上昇を価格転嫁で吸収するやり方にはおのずと限界があり，この拡大過程は遅かれ早かれ壁に突きあたらざるを得ない。その経緯を (6.2) の利潤率を決定する三つの要因にそくしてとらえてみよう。

　雇用水準が上がれば，生産設備の稼働水準もそれにつれて上昇する。したがって，雇用拡大は，稼働率の上昇という経路を通じて，利潤率を高める働きがある。ところが，その一方で，雇用率の上昇すなわち失業率の低下は，労働者の立場を強める働きがあり，結果的に賃金の上昇や労働条件の改善などの動きにつながる。そうした動きは利潤分配率や産出・資本比率の低下を意味するから，利潤率には否定的に作用するだろう。

　このように雇用水準の上昇は利潤に対してプラス効果とマイナス効果をもたらすが，最終的に，どのような事態が生みだされることになるだろうか。これまでの議論に基づいて，その一つの典型的な動きを描いてみよう。

　マクロ経済が低迷し，低雇用の状態にあるとき，稼働率は低く，利潤率も低い。マクロ政策の展開により経済が低雇用状態から脱すると，雇用の拡大とともに利潤率は上昇していくだろう。しかし，雇用率が上昇していくにしたがって，次第にマイナス効果の影響があらわれはじめ，やがて利潤率は限界点に達する。雇用水準がさらに上昇すると，マイナス効果がプラス効果を上回り，その結果，利潤率の低下という事態が起こる。

　これは企業の投資意欲を冷え込ませる事態である。経済がこのような状態にいたり，投資意欲の低下が起これば，高雇用状態を維持することは困難になるだろう。投資需要の減退は，前に述べたとおり，乗数効果を通じて総需要を大きく落ち込ませる。その結果，企

業の収益性はさらに悪化し，投資の累積的な縮小とともに総需要はますます収縮していく。マクロ経済はこうして景気の後退局面に入るのである。

景気回復と収益性

　以上，高雇用による収益性の悪化という観点から景気後退の仕組みを説明した。山から谷に向かうマクロ経済の動きが明らかになったので，今度は反対に谷から山に向かう回復期の動き (recovery) について検討しよう。

　景気後退に関するこれまでの説明からわかるように，経済が停滞局面を脱して，新たな上昇軌道にのるには，収益性の回復が必要である。企業の期待利潤率が上昇することで，はじめて投資の持続的拡大のための前提条件が整うからである。では，企業の収益性はどのようなプロセスを経て再び上昇していくのだろうか。

　不況下では大多数の企業が総需要の停滞によって業績の悪化に見まわれ，好況時よりも厳しい競争環境のもとにおかれる。そうしたなかで勝ち残ろうとする企業は，収益性を高めるための一層の努力を強いられ，さらには生産活動の大幅な見直しを迫られることになる。それは，個々の企業にとって，労務管理体制の大幅な見直しであり，過剰になった古い生産設備の廃棄や不採算部門の整理である。さらにそれは新しいより効率的な生産設備の導入や需要の拡大が見込まれる新規部門への保有資源の再配置を意味するだろう。つまり，組織や設備のリストラクチャリングやダウンサイジングを進めるとともに，コストダウンや新たな事業展開をはかることで，企業は収益性回復への足がかりを得ようとするのである。また一方では，こうした刷新の動きが経済全体につぎつぎと生まれることで，投資拡大の新たな胎動がはじまる。

　反面，景気の下降局面で極端な業績不振に陥った企業やリストラに失敗した企業を待ち受けるのは，倒産，廃業，吸収合併などといった市場による厳しい洗礼である。しかし，これらの事態も，経済全体の動きとして見れば，不効率な生産部門が整理・淘汰され，より有望で生産性の高い生産部門が拡大していくことであるから，マクロ的な利潤率の上昇につながる。景気を回復に向かわせる利潤率上昇や投資拡大はこのように供給面におけるミクロとマクロの再編成を通じてその素地がつくりだされていくのである。

　景気の谷は，したがって，経済が新たな上昇の機運を生むための準備期間と見ることができる。資本主義経済は景気後退という試練に直面し，自ら古い殻を脱ぎ捨てることで，新しい成長への基盤をつくりだすというわけである。しかし，その一方で，この調整過程が人々の暮らしに大きな被害を及ぼすことはこれまでの議論からも容易に予測されるだろう。雇用という面から見ると，経済が景気の後退から回復にいたる過程で，労働者をめぐる雇用環境は明らかに悪化する。その結果，雇用主に対する雇用者の交渉力は弱まり，多くの人々が賃金カット，失業，配置転換，転職などといった事態へと追い込まれていく。雇用主の立場からすれば，雇用面でのそうした厳しい対応が収益性の回復にとって重要な

要件となってくるからである。

　ところで，政府が行う景気政策の最も大きな目的は，上記のような，人々が景気の下降局面で被るさまざまな被害をできるだけ小さくすることにあるといえよう。しかし，景気後退は資本主義のダイナミズムにとって不可欠な調整過程であるとみる立場からすると，ここには一つのジレンマが潜んでいる。なぜなら，政府による総需要の下支えやさまざまな救済策は，経済全体の調整過程を不徹底なものにすることで，上昇に向かう新しい力をかえって殺いでしまう危険をもつからである。

景気循環の金融的側面
　以上，利潤率の変化に伴う需要変動が生産活動の循環的変化を引き起こすを明らかにした。しかし，景気循環は単なる生産のサイクルではない。景気循環には金融のサイクルというもう一つの重要な変動がある。金融サイクルとは実物経済の変化とともに金融活動が膨張したり収縮したりすることをいう。ここでは，とくに銀行と生産者である企業とのあいだの資金の流れに注目して，上で見た景気循環を金融面からとらえなおしてみよう。

　さて，景気回復過程にある経済を想定しよう。景気が底をうち，在庫の調整が進むと，生産は下げ止まり，やがて売り上げも増加に転じる。生産が上向き，生産物の取引量が増えるにつれて，経済全体に流通する貨幣の総量（貨幣の存在量×流通速度）は増加していく。また，回復期から拡張期に向かう景気上昇過程では，生産（雇用）水準の上昇は総じて利潤率を押し上げる要因として働き，企業が手にする利潤所得（純利潤＋減価償却費）は売り上げの増加と平行して増加していく。

　利潤所得が増えると，内部留保も増え，企業の手元に残る資金の量は増える。その一部は銀行預金として預け入れられ，企業間の決済に使われたり，債務の償還や利子・配当の支払いにあてられたりする。しかし，業績が好転し，期待利潤率が高まるにつれて，企業の投資態度はより積極化するため，手持ち資金の多くは投資に回されるだろう。投資が増えれば，乗数効果を通じて生産水準はさらに上昇する。その結果，企業の投資意欲はいっそう強まり，投資需要は手持ち資金の枠を越えてさらに拡大する。

　こうして投資が投資を呼ぶ拡張過程が進展していくが，それを可能にするのは借り入れ，すなわち債務による資金調達である。ここでは簡単に，企業は投資に必要な外部資金を銀行からの融資で賄うと考えよう。景気の拡大が続き，企業の投資意欲が強まるにしたがって，企業が銀行に申し込む融資の額は増えていく。企業からのそうした資金需要の増加に，銀行はどう対応するだろうか。

　所得水準が上昇し，流入する預金の量が増えれば，銀行の貸し出し余力は高まる。また，前章で学んだように，銀行は信用創造を通じて企業や家計から受け入れた預金量以上の貸し出しを行うことができる。一方，銀行にとって企業への貸し出しは最も有利な資金の運用先であるから，業績の好調な企業からの資金需要が増えれば，当然，銀行はそれに応え

て融資額を増やすだろう。むろん銀行は企業からの融資要請のすべてに応じるわけではない。銀行は企業の信用度（債務返済能力）を審査し，投資計画の中身を吟味した上で，一定の要件を満たす場合にのみ融資を行う。ところが，生産と販売の拡大が続き，企業の収益力が上がるにつれて，企業の信用度は高まり，銀行の融資条件は緩められる傾向にある。このため景気の上昇局面では，銀行全体の貸し出し量は，銀行間の競争にも煽られ，累増する企業の資金需要に歩調を合わせるように増大していくのである。そして，銀行のそうした対応が投資をいっそう刺激し，商品，土地，株などに対する投機をも助長することで，景気上昇の勢いをさらに加速させるのである。

　こうして拡張期には，生産や投資とともに，銀行貸し出しが累積的に拡大していく。これは経済全体に債務が累積していくことを意味するが，銀行と借り手企業が将来収益に関する楽観的見通しを共有し，実際に生産・販売の拡大が債務の順調な返済還流を保証している限り，信用（銀行貸し出し）膨張は続くだろう。ところが，拡張過程の進展はやがてこれらの前提条件をおびやかす事態をもたらす。その事態とは，いうまでもなく，現行収益の低下である。信用の基礎をなす収益予想はあやふやで移ろいやすい。ひとたび実体経済に収益悪化の徴候があらわれ，将来収益に対する疑いが生まれると，その疑念は急速に広がり，楽観的見通しは容易に悲観的見通しへと反転する。そして，それをきっかけに信用をめぐる状況は一変することになるのである。

　まず，収益悪化という事態は企業の資金需要を増加させる。これは企業所得が減少する一方で，企業の実際の支払額が拡張期の終盤にかけて次第に増加していくためである。一部の企業が競争の激化するこの時期に投資攻勢をかけることもその原因になるが，投資活動の現実の展開とは関わりなく企業の支払い額が増大するのは，基本的に，企業間の取引では通例，購入契約と実際の支払いの間に遅れが存在するからである。もちろん，上で述べたように，収益性の悪化は最終的に投資支出の減少につながる。しかし，企業全体的の必要支出額が実際に減少するのは景気反転後のことである。企業の資金需要が増えるもう一つの理由は，拡張期を通じて累積した債務に対する実際の返済負担が，借り換え需要分を含め，拡張期の終盤にかけて次第に増大していくからである。

　ところが，こうして企業の資金需要が急速に増えようとするまさにそのとき，他方の資金供給には制動がかかり，結果的に市場は逼迫化の方向に向かわざるを得ない。これは基本的には，予想収益の悪化という事態が，銀行にそれまでの貸し出し姿勢の転換を迫り，融資条件の変更を促すからである。すべての企業の借り入れが一様に困難になるわけではないが，銀行が融資基準を引き上げれば，とくに信用度の低い企業の場合，厳しい立場に立たされるのは明らかである。また，拡張期の終盤には物価が上昇する傾向にあり，中央銀行はその動きを抑えようとして段階的に金融を引き締めていくのが通例である。そうした政策が実行されて，中央銀行貸し出しが引き締められたり金利が引き上げられたりすれば，それに呼応するように銀行貸し出しは圧縮され，短期金利は急激な上昇に見舞われる

ことになるだろう。こうして拡張期の終盤からその最終局面にかけて，金融市場は資金需要の増大と信用収縮の動きに挟撃され，ますますタイトになっていく。そして最終的な景気の悪化は，業績不振で負債を多く抱えた一部の企業を資金調達の困難へと追い込み，支払い不能の状態に陥らせるのである。それらの不幸な企業をまちうけるのは，上で述べたように，倒産，廃業，吸収合併といった事態である。

　企業の債務は銀行の債権である以上，生産企業の収益悪化という事態に対して銀行が債権保全のため機敏に行動するのは当然である。実際，上述のとおり，銀行は融資規準・返済条件の厳格化などの措置を講じるとともに，一部の顧客企業に対しては借り換えを認めたり，追加融資したりして，貸し出した資金の回収・保全に努めるだろう。しかし，このような状況のなかで銀行が無傷のままでいるということはあり得ない話である。一部の生産企業が倒産・業績不振などの事態により債務不履行に陥れば，その必然的な帰結として銀行の貸し出し債権の一部は不良化し，資金回収は不可能となるからである。この場合，不良化した債権は最終的には銀行によって償却されねばならないが，そうした調整過程を通じて拡張期に膨張した銀行資産の圧縮がはかられていくことになるのである。

　ところが，一方において，銀行は資産にちょうど等しい額の負債を抱えている。実際，信用制度とは債権債務関係の連鎖のことであり，その要に位置する銀行は最大の債権者であると同時に最大の債務者である。したがって，当然のことながら，それぞれの銀行の事情によっては，そうした債権債務関係の調整がうまくいくとは限らない。つまり，景気の悪化により生産企業のあいだに多くの債務不履行が発生した場合，その影響で銀行自身が債務超過や経営破綻に陥る危険をつねにはらんでいるのである。そして，万一そうした事態が現実に起きれば，たとえそれが一部の銀行の話ではあっても，生産企業のケースとは異なり，一般にその影響は経済全体に及び，きわめて深刻なものとならざるを得ない。このため，銀行に債務超過などのおそれが生じた場合には，債務不履行の連鎖的拡大を未然に防止すべく，速やかに必要な資金が供給されねばならないのである。もちろん，それを行うのは最後の貸し手たる中央銀行の役割であるが，中央銀行がその時宜を失すれば，景気の悪化は金融パニックに転じることになるだろう。

第7章　マクロ経済と物価

　第3章では，マクロ経済の状況にかかわらず生産物価格がまったく変化しない経済，すなわち物価が固定された経済を想定して，総需要による生産水準の決定の仕組みを明らかにした。第4章では，同様の想定に基づき，政府の雇用拡大策を検討した。そこでは，政府による総需要の拡大は，物価には影響を与えることなく，ただちに雇用（生産）水準の上昇をもたらした。しかし，物価が完全に固定された経済は現実には存在しない。前章で指摘したように，物価水準はその時々の経済状況に応じて変化するのである。

　この章ではマクロ経済の動きと物価との関係をさらに詳しく検討する。以下，物価が実際にどう動いているかを調べた後，インフレーションと呼ばれる現象をとりあげ，その原因や影響について考えよう。

7.1　物価指数と物価の動き

　物価とは，第2章でも説明したように，個々の生産物の価格ではなく，それらを集計して得られる多数の生産物の平均的な価格のことである。つまり，さまざまな生産物の価格の加重平均を指して物価という。では，実際に，物価の動きはどのような方法によってとらえられているのだろうか。

　物価水準の時間的変化は一般に物価指数(price index)と呼ばれるもので測られている。指数というのは，基準点の値と比較点の値の比率によって，その変化の様子を表現する方法である。物価指数は，普通，物価の動きを表すために，適当な年を基準となる年として選んで，その基準年の物価水準の指数を 100 とし，他の年については，それぞれの年の物価水準を基準年の物価水準で割り，それに 100 をかけて指数を求める，というやり方で計算される。

　物価指数にもさまざまな種類がある。そのなかでマクロ経済学にとってとくに重要なものは，消費者物価指数，企業物価指数，GDP デフレーターの三つである。以下，これらの物価指数を順番に説明しよう。

消費者物価指数と企業物価指数

　消費者物価指数(consumer price index)は生活費の変化を測る指標であり，三つのうちでは最も身近な物価指数である。この物価指数は，平均的な家計が日常的に購入する財・サービスを選びだし，それらを購入するために必要な費用を計算することによって求められ

ている。対象となる消費財・サービスの組み合せ（どのような品目をどれだけの割合で含むか）は，消費者の支出動向に関する調査に基づいて決められ，何年かに一度改定される。つぎに消費者物価指数がどのようなやり方で作成されているかを具体的な計算式にそくしてとらえてみよう。

　説明を簡単にするため，米と卵だけを消費している経済を想定すると，この経済では消費者物価指数(CPI)はつぎのような式に基づいて計算される。すなわち，

$$CPI = \frac{\text{今年の米価格} \times \text{基準年の米購入量} + \text{今年の卵価格} \times \text{基準年の卵購入量}}{\text{基準年の米価格} \times \text{基準年の米購入量} + \text{基準年の卵価格} \times \text{基準年の卵購入量}} \times 100$$

である。例えば，この経済の標準的な家計において，昨年（基準年とする）の米と卵に対する月間支出額が 10,000 円だったとしよう。そして，その同じ量の米と卵に対する今年の月間支出額が 10,500 円だとしよう。この場合，

　　　　今年の消費者物価指数＝（10,500 ÷ 10,000）× 100 ＝ 105

であり，消費者物価は1年のあいだに5％上昇したことになる。これは生活費がこの1年間で5％アップしたということでもある。

　消費者物価指数は，上の説明からもわかるように，対象となる財・サービスの購入量を基準年で固定し，その同じ量を比較年の価格で購入したらいくらになるかを計算したものである。このような方式でつくられる物価指数をラスパイレス指数と呼ぶ。

　企業物価指数(producer price index)も，消費者物価指数と同じように，多数の財を選んで，それらの価格を加重平均することによって求められている。ただ，この組み合せに選ばれるのは，消費者物価指数とは違い，企業間で取引される財であり，そのなかには原材料などの中間生産物が多く含まれている。また，消費者物価指数は，消費者が実際にそれらの財を購入する際の価格，つまり取引の最終段階の価格を用いて計算されるのに対して，企業物価指数の計算では，卸売段階すなわち取引の初期段階の価格が用いられている。

　そうした違いのため，企業物価指数は景気など経済状況の変化に消費者物価指数よりも敏感に反応して，消費者物価指数の動きの前兆となることが多い。また一方では，企業物価指数と消費者物価指数とでは対象となる財の性格が違うため，それぞれに異なった動きを示すのである。

ＧＤＰデフレーター

　消費者物価指数や企業物価指数が特定の財を対象とするのに対して，GDP デフレーター(GDP deflator)は，GDP を構成するすべての財・サービスを対象にしている。GDP デフレーターは，消費者物価指数などと比べると，なじみのうすい物価指数といえるかも知れないが，第 2 章で GDP について解説した際に触れた，名目 GDP と実質 GDP の違いに関係する物価指数であり，マクロ経済学にとっては重要なものである。

　第 2 章で述べたように，その年の価格で表示された GDP を名目 GDP といい，基準年の

不変価格によって表示されたGDPを実質GDPという。GDPデフレーターは名目GDPと実質GDPの比率のことである。つまり，

$$GDPデフレーター = \frac{名目GDP}{実質GDP}$$

である。この式を書きかえると，実質GDP＝名目GDP／GDPデフレーターであるから，GDPデフレーターは名目GDPを実質GDPに転換するための物価指数だといえる。

GDPデフレーターのつくり方をわかりやすくとらえるために，消費者物価指数を説明したときと同じように，米と鉄だけを生産している経済を想定してみよう。この経済の今年のGDPデフレーター（P_{GDP}）はつぎの式に基づいて求められる。

$$P_{GDP} = \frac{今年の米価格×今年の米生産量＋今年の鉄価格×今年の鉄生産量}{基準年の米価格×今年の米生産量＋基準年の鉄価格×今年の鉄生産量} \times 100$$

上に述べたように，この式の分子は名目GDPを示し，分母は実質GDPを示す。GDPデフレーターの場合，消費者物価指数の場合とは異なり，物価指数の対象となる生産物の生産量がすべて今年の生産量であることに注意しよう。

GDPデフレーターと前の二つの物価指数にはつぎのような違いがある。まず，GDPデフレーターは国内で生産された財・サービスだけを対象にしている。輸入はGDPの控除項目であり，輸入財はGDPには含まれていない。したがって，輸入財の価格はGDPデフレーターには算入されない。これに対して，消費者物価指数や企業物価指数には輸入財の価格も算入されている。

また，基準年から比較年のあいだに財・サービスの生産量が変化すれば，GDPデフレーターはその影響をうける。反対に，消費者物価指数や企業物価指数では，価格のウエイトづけに用いられる購入量は基準年で固定されている。GDPデフレーターのような方式でつくられる物価指数はパーシェ指数と呼ばれる。

以上，消費者物価指数，企業物価指数，GDPデフレーターの三つの物価指数について順番に説明した。次項では，これらの物価指数を使って，実際に物価がどう推移してきたかを調べてみよう。

現代の物価動向とインフレーション

図7-1はここ数十年間の物価指数の動きをとらえたものである。まず，消費者物価指数から見よう。1960年以降1990年代の前半まで，消費者物価はほぼ一貫して上昇しており，1973年から数年間の上昇角度はとくに急である。ところが，1990年代後半から最近年に至る時期の物価動向を見ると，それ以前とははっきりと異なる動きが観察される。すなわち，1997年まで消費者物価指数はほぼ横ばいで推移しており，さらに1998年以降は持続的に低下している。この期間を除くと，消費者物価指数にはほぼ趨勢的な上昇傾向が見られる。

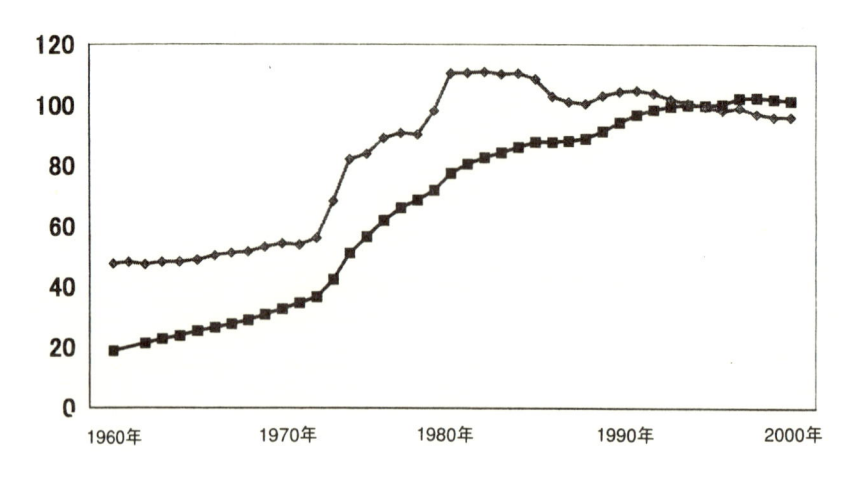

図7-1　物価指数の推移（1960年〜2000年）

資料：内閣府『経済要覧』

　一方の企業物価指数には，消費者物価指数とは幾分違う動きが見られる。1960年代の半ばから1970年代の初頭にかけてわずかな上昇傾向が見られるものの，企業物価指数は1960年以降ほぼ安定的に推移している。企業物価指数はその後，1973-74年と1978-79年の2度にわたって急激に上昇した。1985-86年には企業物価は逆にかなり大きく落ち込んでいる。そして1990年代の初頭以降は，持続的な低下の動きがはっきりと確認される。しかし，最近の10年間を除く全期間を通じて見ると，企業物価にも明らかな上昇傾向が認められる。

　消費者物価指数と企業物価指数の実際の動きを調べたが，これらの物価指数の推移に示されるように，物価水準が持続的に上昇していく現象をインフレーション(inflation)，ないしは簡略化して，インフレという。もちろん物価の持続的上昇は日本だけに見られる現象ではない。同様の現象は，程度の差こそあれ，他の多くの国々で観察されている。では，消費者物価であれ，企業物価であれ，物価はつねに上昇するものなのだろうか。

　もちろん，最近の日本の例を見るまでもなく，物価はつねに上昇するわけではない。第二次大戦以前の物価の動きを調べてみると，物価は上昇するだけでなく，ひんぱんに下落している。しかも，物価水準の低下がかなりの期間にわたって続くこともあった。インフレーションとは対照的に物価が持続的に低下する現象をデフレーション(deflation)，あるいは簡略化してデフレというが，かつての資本主義経済ではインフレ現象とデフレ現象とが交替であらわれたのである。ところが，第二次大戦以降，先進国でも途上国でも資本主義経済においてはデフレーションはほとんど見られなくなり，物価は上昇するのが当たり前となっている。その意味で日本の物価水準のここ数年あまりの推移はまさしく例外的な

動きであるといえる。

　現代の資本主義経済で物価上昇が常態化したのはなぜだろうか。物価が上昇するのは，基本的に，現行の物価水準のもとで，供給者が売ろうとする以上に需要者が買おうとするからである。つまり，物価上昇は需要側の要求量が現行価格での供給量を上回ることに起因している。反対に，総需要が総供給を大きく下回り，その状況が続くことになれば，物価は下落するだろう。かつては景気の低迷とともにしばしばこのような状況が生まれた。しかし，第二次大戦後多くの国でそうした状況は見られなくなった。政府の財政規模の拡大や社会保障制度の充実により，景気に左右されない生産物需要が増大するとともに，政府の裁量的なマクロ政策の展開によって総需要の大きな落ち込みは阻まれ，高水準の総需要が持続的に維持されるようになってきたからである。インフレーションが恒常化したことの背景にはこうした事情がある。

インフレ率

　ところで，物価のその時々の変化は，物価水準（物価指数）それ自体の推移を見ることよりも，物価水準の変化の度合いを見ることによって，もっとはっきりした形でつかむことができるだろう。物価上昇率，すなわち物価水準の年々の変化率のことをインフレ率と呼ぶ。例えば，昨年の消費者物価指数が 100 で，今年の消費者物価指数が 105 であるとすれば，その間のインフレ率は5％である。反対に物価水準が下落した場合には，インフレ率はマイナスになる。また，インフレ率は物価上昇の程度を示す尺度であるから，インフレ率の上昇はインフレーションの昂進を意味し，反対にインフレ率の低下はインフレーションの緩和（ディスインフレーション）を意味する。

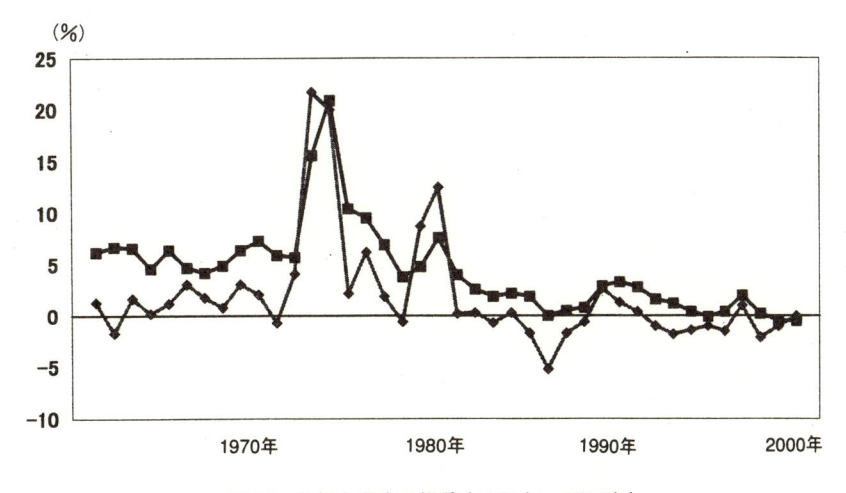

図7-2　物価上昇率の推移（1961年〜2000年）

資料：内閣府『経済要覧』

消費者物価と企業物価を使って，インフレ率が時間の経過とともにどう変化してきたかを調べてみよう。前ページに掲げた図 7-2 は，消費者物価指数と企業物価指数の年々の変化率（対前年比）を示すグラフである。なお，GDP デフレーターでインフレ率をとらえることもできるが，ここでは省略する。GDP デフレーターと消費者物価指数は，上で述べた理由から，時として異なった動きを見せるものの，全体としてはよく似た動きを示している。

図 7-2 からは物価指数の年々の変化率について何がわかるだろうか。消費者物価指数と企業物価指数のどちらをとっても，インフレ率のはっきりした上下動が観察される。現代の経済では，かつてのように物価水準そのものが上下に大きく振動することは見られなくなった。しかし，物価水準の持続的上昇という趨勢のなかで，物価の上昇速度の方はその時々によってかなり大きく変化している。

7.2　インフレーションの仕組み

前節では，現代経済のインフレ傾向すなわち物価水準の持続的上昇について明らかにした。以下では，そのインフレーションに関連して，つぎの二つの問題を考えてみたい。一つは，インフレーションがどのような仕組みによって引き起こされるかという問題である。もう一つは，インフレーションがどのような被害を引き起こすかという問題である。まず，最初の問題から検討しよう。

前節で明らかにしたように，インフレ率は時間の経過とともに大きく変動している。インフレ率がその時々によって変動するのはなぜだろうか。これまでの議論からは，それが景気の変動に対応した動きであることが推察されるだろう。

すでに前章において，景気が過熱してくると，収益性の悪化と呼ばれる事態とともに物価上昇の動きをまねくことを述べた。そして，それが生産費用の上昇によって引き起こされたものであることを指摘した。インフレーションにはさまざまな原因が考えられるが，このケースのように，コストの上昇が引き金となって発生する物価上昇はインフレーションの典型的な姿を示している。以下，そのメカニズムをさらに掘り下げてみよう。

マークアップ価格

さて，生産物に価格をつけるのは，一般に，それを生産・販売する企業である。では，企業はどのような方法で価格を決めているのだろうか。

企業は営利を目的に生産活動を行っており，その価格は生産費用をカバーすると同時に一定の利潤を保障するものでなければならない。この基本原則に合致する企業の価格設定の方法として，つぎのようなものが考えられる。生産物を 1 単位つくるのに必要なコスト

をもとに，そのコストに適当な率の利鞘を加えて価格とする，というやり方である。これはマークアップ方式と呼ばれる価格の設定方式である。ここでは，その考え方に基づいて，物価の動きをとらえることにしよう。

マークアップの原理によると，企業は価格を単位費用(unit cost)に一定率のマークアップ(markup)をかけた大きさに決める。すなわち，

　　　　　マークアップ価格＝マークアップ×単位費用

である。単位費用とは企業が生産物1単位を生産するために要する諸費用のことである。一方，マークアップと呼んでいるのは，単位費用の何倍に価格を設定するかを表す比率であり，1プラス利潤マージン(profit margin)によって示される。つまり，マークアップが高いと，それだけ単位利潤が大きいことを意味する。

企業が負担するおもな生産費用としては，賃金などの労務人件費と原材料費などの物的費用が考えられる。それらの費用総額を企業が生産した生産物の数量で割ったものが単位費用であり，大きく単位労働費用と単位原材料費用とにわかれる。

したがって，マークアップ方式においては，価格はつぎのように決められる。すなわち

　　　　　価格＝マークアップ×（単位労働費用＋単位原材料費用）

である。以下では，生産費用として賃金費用のみを想定し，マークアップ価格をさらに簡単な形で定式化してみよう。マークアップを μ，賃金費用を W，生産数量を Z とすると，マークアップ価格（P）はつぎのような式で表すことができる。

$$(7.1) \quad P = \mu \left(\frac{W}{Z} \right)$$

(7.1)式は生産物価格がマークアップ（μ）と単位賃金費用（W/Z）によって決まることを示している。さらに，賃金（W）と生産量（Z）を雇用労働時間（N）で割ってこの式を書きかえると，

$$(7.2) \quad P = \mu \left(\frac{w}{z} \right)$$

となる。ただしここで，$w = W/N$，$z = Z/N$ であり，w は賃金率，z は物的労働生産性（時間あたり生産数量）を表している。(7.2)式によると，生産物価格はマークアップ，賃金率，労働生産性によって決まる。

以上は企業の価格決定に関する話であるが，同様の原理がマクロ経済にもそのままあてはまると考え，以下，(7.2)式に基づいて景気循環に伴う物価の動きを探ることにする。その議論に入る前に，(7.2)式によって物価と所得分配とがどのような関係にあるかをあらためて確認しておこう。

第3章で述べたように，時間あたりの生産額＝価格×物的労働生産性であるから，

$$y = P \cdot z$$

である。また，賃金分配率（θ）は w/y で表されるから，(7.2)より，賃金分配率とマーク

アップのあいだにつぎのような関係があることがわかる。

$$(7.3) \qquad \theta = \frac{1}{\mu}$$

これは賃金分配率とマークアップが反対方向に動くことを示している。(7.3)をさらに書きかえると，

$$(7.4) \qquad \theta = \frac{(w/P)}{z}$$

となり，賃金分配率が賃金率，物価，労働生産性によって決まることがわかる。この点についてはすでに第3章で説明しているが，(7.4)式に含まれる w/P は名目賃金率を物価水準で割ったものである。これを実質賃金率と呼ぶことにすると，(7.4)式が示しているのは，賃金分配率＝実質賃金率÷労働生産性，という関係である。

インフレーションと失業

　さて，拡張期の経済を想定しよう。経済の拡張が続き，雇用（生産）水準が上昇していくと，だんだんと労働者の交渉力は強まり，それに伴い賃金率は次第に上昇していく。賃金率の上昇は，労働生産性（z）の上昇がその効果を完全に打ち消さないかぎり，単位費用を上昇させ，単位利潤の低下と価格上昇への圧力となる。また，鉱物資源や農産物を多く含む原材料の場合，好況局面では供給面の制約から価格は次第に上昇していくのが通例である。

　前章では，拡張に伴う雇用水準の上昇が収益性の悪化と呼ばれる事態を引き起こすことを見た。これは一つには費用上昇に応じた価格の引き上げが困難なために生じる事態である。ここではしかし，前章の議論とは異なり，マークアップすなわち利潤マージンは一定に保たれると考えよう。マークアップを一定に保とうとすれば，当然，生産物価格が引き上げられねばならない。

　こうした理由から，経済の拡張局面では物価上昇ないし物価上昇の加速化が引き起こされる。反対に，経済の停滞局面においては，賃金や原材料価格は低迷するため，物価上昇の鈍化（インフレ率の低下）ないし物価の下落（デフレーション）が引き起こされる。インフレ率はこのように景気循環と対応した動きを示す。

　一方，経済の拡張期には失業率は低下する。反対に，経済の停滞期には失業率は上昇する。したがって，高いインフレ率は低い失業率に対応し，低いインフレ率は高い失業率に対応するだろう。

　そこで，実際のデータを使って，失業率とインフレ率（消費者物価上昇率）がどう対応しているかを調べることにしよう。図7-3は1975年から2000年までの各年について，失業率を横軸に，インフレ率を縦軸にプロットした図である。この図からはたしかに，低（高）い失業率と高（低）いインフレ率との対応関係が確認される。

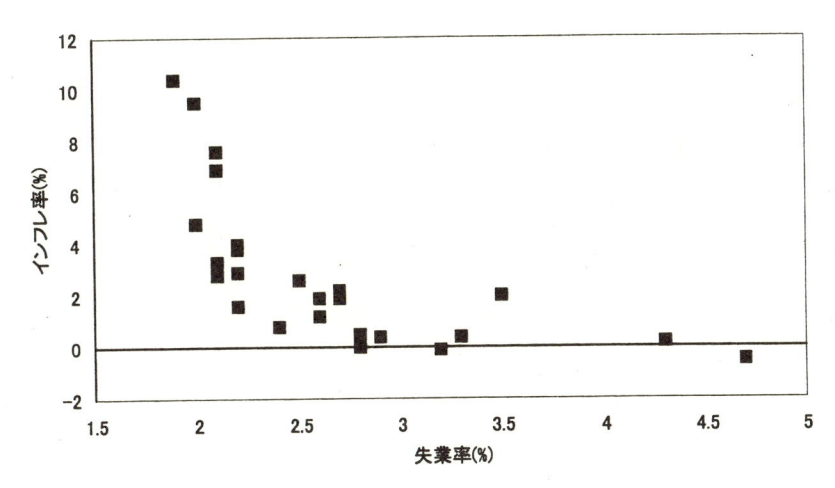

図7-3　失業率とインフレ率（1961年〜2000年）

資料：内閣府『経済要覧』

　ところで，日本のように自然資源に制約のある経済では原材料の多くを外国に依存している。つまり，原材料の多くは輸入財である。輸入原材料の価格も景気の動向に対応して動くが，時として国内の景気動向とは独立した動きを示すことがある。例えば，前節で最近の物価動向を調べた際，日本の企業物価指数が1973-74年と1978-79年の2度にわたり急激に上昇したことを見た。これは原油価格の急騰によるものであり，そうした輸入原材料価格の上昇に起因するインフレーションといえる。なお，1985-86年には日本の企業物価指数は逆にかなり大きく低下した。これは為替レートの急激な変化（円高）による輸入原材料価格の低下に起因する動きである。

　1970年代の原油価格の高騰は日本のみならず多く国々の経済に強い衝撃を与えたが，このような形で原材料価格が引き上げられた場合，経済にはどのような動きが生まれるだろうか。最後にその点を簡単に検討しておこう。

　原材料価格の急騰による単位費用の増加は単位利潤の低下させる。これは投資を抑制し，結果的には景気の後退をまねくことになるだろう。しかしその一方で，企業は原材料費用の上昇を生産物価格の引き上げによってある程度吸収しようとするから，物価上昇の動きが生まれる。この事態に対して，労働者は実質賃金の低下を避けるために賃金の引き上げを強く求めるだろう。もちろん，景気の後退局面でこのような要求は簡単には受け入れられない。むしろ，売り上げの回復をはかろうとする雇用主によってその要求は厳しくしりぞけられるというのが通常のケースだろう。ところが，何らかの事情で，景気の後退にもかかわらず現職労働者の強い交渉力が保たれ，実際に要求どおり賃金が引き上げられたとすると，物価はさらに上昇することになる。これは賃金と物価のスパイラル的上昇と呼ば

れる事態である。

　政策担当者はそうした事態を放置するわけにはいかない。インフレ亢進の危険に対しては，とくに貨幣価値の維持に責任をもつ中央銀行が金融引き締めで対応することになるだろう。この政策は当然，景気にとってはマイナスに働くが，それが物価の安定に貢献するかどうかは人々のインフレ心理の拡大を防ぐことができるかどうかに依存する。

　反面，政府や中央銀行による財政・金融面での引き締め策がインフレ期待の抑制に効果をあげないまま長期間維持された場合，総需要の制約によって経済は停滞する一方で，インフレーションが続くという事態が発生する可能性がある。これは，図7-3とは異なり，高い失業率と高いインフレ率とが併存する状況である。1970年代半ばから1980年代の後半にかけて欧米各国では実際にそのような現象が見られた。

7.3　インフレーションの被害

　インフレーションは，マクロ経済にとって，失業と並ぶ大きな弊害だといわれる。インフレーションの被害は失業の被害ほど明白ではないが，一見すると，その被害が及ぶ範囲は失業よりも広いようにも見える。一体，インフレーションの被害とは何だろうか。この節では，その点を検討してみよう。

名目所得と実質所得

　さて，インフレーションとはモノの値段が全般的に上がることである。このことは，裏を返せば，カネの値打ちが下がるということでもある。実際，物価水準を P とすると，貨幣1単位の価値，すなわち1円の購買力は $1/P$ で表されるから，急激なインフレーションのもとでは貨幣の価値がどんどん低下していくのは明らかである。場合によっては，わずか数週間で貨幣の価値が何百分の一，何千分の一になることすらある。これはハイパーインフレーション（hyper-inflation）と呼ばれる事態である。こうした状況が続くと，経済はどうなるだろうか。人々の貨幣に対する信用はほとんど失われるだろう。

　貨幣に対する信用をなくした経済で生産活動が大きな混乱に陥ることは疑いない。これはインフレーションに潜む大きな悪害である。ただし，このような極端なインフレ状況が実際に起こることはまれである。現代の経済が直面しているのは，むしろ，もっと緩やかなインフレーションである。緩やかなインフレーションの場合には，貨幣に対する信用そのものが大きく揺らぐ危険性は小さい。

　では，緩やかなインフレーションの問題とは何だろうか。物価が上昇すると，以前と同じ量の財・サービスを購入するのに，以前よりも多くの金額を支払わなければならない。したがって，インフレーションは人々が何らかの方法で手にした一定額の所得の購買力を

低下させる。その結果，人々の生活水準は低下する。これはインフレーションのもたらす最も大きな弊害のように見える。

しかし，物価が上がっただけで，マクロ経済の他の条件に変化がないとすれば，どうだろうか。経済が生みだす財・サービスの実質的な総量，すなわち実質総生産（総所得）に変化がなければ，何の問題もないだろう。以前よりも多くの金額を支払わなければならないにしても，結果的に以前と同じ量の財・サービスを手にすることができるのであれば，物価の上昇によって人々の生活が全体として悪化することはない。生活水準を決めるのは，人々が手にする所得の名目額（名目所得）ではなく，それによって購入できる財・サービスの量（実質所得）なのである。

ところで，実質所得は名目所得を物価水準で割ったものであるから，このケースのように，物価が上昇しているにもかかわらず，実質所得は変化していないというのは，実は，名目所得がその分増加しているということにほかならない。

先ほどは，財・サービスを買う立場にたって，物価上昇の影響を考えた。しかし，ものごとには裏面がある。以前より高い価格が買い手に損を与えたとすれば，逆に売り手はその分得をしていることになる。したがって，人々は買い手として被った損失を売り手になることで帳消しにすることができるのである。もちろん，このことは一般的な労働者についてもあてはまる。彼らは雇用交渉の場で，物価上昇に見合う賃上げを要求できるからである。実際，平均的な賃金水準は物価水準と並行して上昇するのが普通である。

インフレーションの所得再分配効果

しかし，現実には，国内のすべての人々がそのような分捕りゲームに平等に参加できるわけではない。失業者の場合がまさにそうである。また，物価水準が上昇するとはいっても，すべての財・サービスの価格が同じ速度で上昇するのではなく，それぞれの財・サービスによって価格上昇率に較差が生じる。その場合には，パイの大きさに変化はなくても，インフレーションによって得をする人と損をする人が生まれる。こうした所得再分配効果はインフレーションのもたらす大きな弊害である。

例えば，毎月決まった額の年金を受け取る退職労働者などはインフレーションの典型的な被害者である。彼らは普通，現役の労働者とは違って，所得の購買力低下を埋め合わせる手だてをもっていないからである。

また，資金の貸し手も一般にインフレーションの被害者となる可能性が高い。例えば，年利子率が5％だとすると，誰かに100万円貸した人はその人から一年後に元金と利子あわせて105万円返済される（100万円×1.05＝105万円）。ところが，その間のインフレ率が5％だとすると，物価水準が1年後に1.05倍になるわけであるから，この資金の貸し手はその返済された105万円で，今なら100万円で買える量の財・サービスしか買えないはずである（105万円÷1.05＝100万円）。この場合，その資金の貸し手が受け取

る実質的な利子はゼロとなる。

　実際，名目利子率を i^n，実質利子率を i^r，インフレ率を π とすると，

$$(7.5) \quad 1+i^r = \frac{1+i^n}{1+\pi}$$

であるが，i^n も π もともに小さい値をとるとき，近似的に，

$$(7.6) \quad 1+i^r = 1+i^n-\pi$$

が成立する。つまり

$$実質利子率＝名目利子率－インフレ率$$

である。

　したがって，名目利子率がインフレーションに対して完全に調整されない場合，資金の貸し手はインフレーションによって損害を被ることになる。逆に，資金の借り手は，インフレーションによって実質的な利子負担が軽減することになるから，利益を得る。

インフレーションと実質総生産

　以上では，実質的な生産水準に変化はないと仮定して話を進めてきた。しかし，インフレーションが実質的な国内総生産に悪影響を及ぼす可能性も考えられる。

　その一つはインフレーションが国内生産物の国際競争力を低下させるケースである。国内生産物の国際競争力は，為替レート（自国通貨と外国通貨の交換比率），国内物価，外国物価，の三つの要因によって決まる。そこで例えば，国内のインフレ率が外国のインフレ率を上回るような状況が生まれた場合，為替レートがこのインフレ率の格差を完全に相殺するよう調整されないかぎり，結果的に国内生産物の国際競争力は低下する。その結果，純輸出を減少させ，ひいては総生産を低下させるだろう。この点については次章でもっと詳しく見ることにする。

　国内の物価水準と外国の物価水準が同率で上昇しているときにはこうした影響はあらわれないが，その場合でもインフレーションが実質総生産に悪影響を及ぼすことがある。インフレーションの進行が将来の不確実性を増大させ，経済活動に伴うリスクを高めるからである。

　インフレーションが進行しているとき，人々は何らかの形でその事実に気づいて，あらかじめ物価上昇をみこした行動をとるだろう。しかし，インフレ率自体がどうなるかについて正確に予測することは困難である。

　また，たとえインフレ率の正確な予測が可能だとしても，個々の財・サービスの価格上昇率まで正確に予測することはほとんど不可能であろう。そのため，インフレーションが昂進すると，個々の企業や家計にとって生産計画や支出計画は大変むずかしいものになる。この事態が実質総生産に対して否定的な効果をもつのは明らかである。

インフレーション抑制のコスト

しかし，インフレーションには反対の側面がある。図 7-3 で見たように，高いインフレ率は低い失業率と対応しており，一般にインフレーション（物価安定）と失業（雇用）とのあいだにはトレードオフ (trade-off) の関係がある。いいかえれば，経済の雇用水準が高いときに物価上昇の速度は高まる傾向が見られるのである。この関係を前提にして考えると，経済がインフレーションの被害を避けるためには，その代償として失業の増大を覚悟しなければならないということになる。

また，失業の増大（失業率の上昇）は生産水準の低下を意味するから，インフレーションを抑制するには，生産水準の低下という犠牲を払わねばならない。実際，政府が物価上昇を抑えようとすれば，支出の削減や金融引き締めによって総需要を抑制する必要がある。しかし，その結果，失業は増大し，実質総生産は低下するだろう。

そこで，失業率の変化と実質 GDP がどのように関係しているかをあらためて確認してみよう。図 7-4 は，1975 年から 1999 年までの各年の失業率変化と実質 GDP 成長率をプロットしたものである。この図からはたしかに，失業率の上昇が実質成長率のかなり大きい低下につながることがわかる。つまり，経済がインフレーションを抑制しようとすれば，そのコストとして実質総生産の低下という代価を支払わねばならない。

もちろん，政府のインフレ抑制策が人々に与える影響はさまざまである。例えば，労働者の場合，その政策によって職を失う可能性が高まることになり，とくに不安定な仕事をもつ労働者の場合には直接的な被害者となる危険性が高い。したがって，彼らはそうした政策には強く反対するだろう。

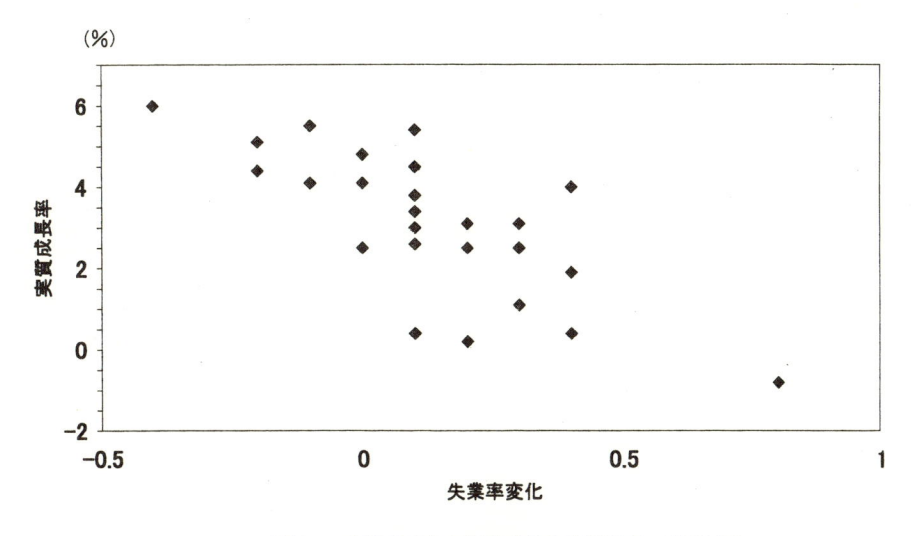

図7-4　失業率変化と実質成長率（1975年〜1999年）

資料：内閣府『経済要覧』

それに対して，例えば，多くの金融資産をもつ人々の場合，立場ははっきりと違う。これらの人々は，上で述べたように，むしろインフレーションの昂進によって大きな被害をうけることになるから，その政策がたとえ失業増加という結果をもたらすにしても，物価上昇の抑制を優先する政策を支持するだろう。また，同じように考えると，安定した仕事をもつ人やすでに退職した人にとっても物価上昇を抑制することの方が優先度は高いはずである。

　このように，インフレーションや失業に対する人々の見方はそれぞれの立場によって異なる。このため，とくに物価上昇が加速しつつある高雇用状態の経済では，マクロ経済に対する政府の対応をめぐって厳しい政治的対立があらわれる可能性がある。

第8章 マクロ経済の国際面

これまでの各章では基本的に，外国とあいだに経済的な取引関係をもたない閉鎖的な国民経済を前提にして話を進めてきた。しかし，そのような国民経済は実際には存在しない。国内生産物の一部は外国に輸出されるし，外国の生産物も国内に輸入される。この章では，外国に開かれた国民経済，すなわち開放経済(open economy)のモデルを考え，政府の雇用拡大政策がマクロ経済にどう作用するかを検討してみよう。

8.1 マクロ経済と貿易

さて，開放経済では自国の人々と外国の人々のあいだで生産物の売買取引が経常的に行われている。まず，自国と外国とのあいだの生産物取引，すなわち貿易を考慮にいれて，第3章で用いた総需要式を書きあらためるところから議論をはじめよう。

開放経済の総需要

外国との取引がない閉鎖経済では，国内生産物に対する需要として国内の支出だけを考えればいい。したがって，閉鎖経済における総需要は，(3.3)式に示されるように，消費，投資，政府支出の合計である。ところが，外国との貿易が存在する場合，国内生産物は外国によっても購入されるから，総需要を得るには，その分を国内支出につけ加える必要がある。一方，国内支出(消費＋投資＋政府支出)には一部外国生産物に対する支出が含まれている。したがって，総需要すなわち国内生産物に対する需要総額を得るには，それらを除いて考える必要がある。前者の国内生産物に対する外国の支出が輸出であり，後者の外国生産物に対する国内の支出が輸入である。ただし，その中には最終生産物だけなく，原材料など中間生産物に対する支出も含まれている。

外国貿易が存在する場合，消費(C)，投資(I)，政府支出(G)の合計から輸入総額(M)を除き，それに輸出総額(X)を加えたものが国内生産物に対する支出総額ということになる。したがって，開放経済の総需要はつぎのように書くことができる。

$$(8.1) \quad Y_D = C + I + G + X - M$$

消費，投資，政府支出については閉鎖経済と同様に考えると，(8.1)式から，輸出額と輸入額の差が大きいと，総需要はその分大きくなり，国内の均衡雇用(生産)水準はそれだけ高くなることがわかる。

第2章でも述べたように，輸出マイナス輸入を純輸出という。純輸出とは輸出と輸入の

バランス（差額）のことであり，一般に貿易収支と呼ばれているものにほかならない。ただし，ここでいう貿易には財の国際取引だけでなく，サービスの国際取引も含まれるものとする。そこで純輸出を TB で表せば，開放経済の総需要は，

$$(8.2) \quad Y_D = C + I + G + TB$$

と書きかえることができる。$TB = 0$ であれば，貿易収支が均衡していることを意味する。また，$TB > 0$ であれば，貿易収支の黒字(trade surplus)が生じており，$TB < 0$ であれば，貿易収支の赤字(trade deficit)が発生している。

国際収支―経常収支と資本収支―

ところで，自国と外国とのあいだでモノの売り買いが行われると，それに伴い国境を越えるカネのやりとりが生まれる。決済のための資金が国際間を動くことではじめて貿易は成立するのである。

ある一定期間内の自国（居住者）と外国（居住者）とのお金のやり（支払い）とり（受け取り）を指して国際収支(balance of payments)という。そして，その結果を記した統計表のことを国際収支表という。輸出は受け取り（貸し方）として，反対に輸入は支払い（借り方）として国際収支表のそれぞれの項目に記録される。なお，国と国とのあいだのお金のやりとりには異なる通貨の交換という取引が含まれているが，この問題については以下であらためて取りあげよう。

ところが，自国と外国とのあいだに行われるお金のやりとりは貿易に伴うものだけではない。利子の支払いや受け取り，さらには債券・株の売買など，国際間には貿易とは直接関係しないさまざまな資金の流れがある。このうちとくに後者のような債権債務関係の変化を伴う資金の流れは，一般に国際投資(foreign investment)といわれるものであり，国際収支の上では資本取引(capital account)として分類される。一方，貿易に伴うやりとりや利子などの受け取りと支払いはまとめて経常取引(current account)と呼ばれる。「経常」とは，当期限りの，債権債務関係を後に残さない，という意味の言葉である。

貿易が輸入と輸出からなるように，国際資本移動(international capital flow)には外国から自国への資本流入(capital inflows)と自国から外国への資本流出(capital outflows)という二つの流れがある。

資本流入すなわち対内投資とは，外国に対する債務を発生させ，対外負債を増加させる取引のことである。反対に，資本流出すなわち対外投資とは，外国に対する債権を発生させ，対外資産を増加させる取引のことである。国際収支表の上では，資本流入は受け取り（貸し方）項目に記録され，資本流出は支払い（借り方）項目に記録される。

国際収支表は国際間のすべての経済取引をまとめた統計表であり，大きく経常収支と資本収支にわかれる。経常収支は貿易収支に所得収支，移転収支を加えたものである。一方，資本収支というのは国際資本移動をめぐる収支を指す。

では，国際収支の観点から見て，国際資本移動と貿易は互いにどう関係するのだろうか。つぎに，貿易収支＝経常収支として，両者の関係をとらえてみよう。

純輸出と対外純投資

上の(8.2)式からわかるように，
$$国内総生産＝消費＋投資＋政府支出＋貿易収支$$
である。これを書きかえると，
$$貿易収支＝国内生産－（消費＋投資＋政府支出）$$
である。

したがって，国内生産＝国内所得であり，国内支出＝消費＋投資＋政府支出であることに留意すると，貿易収支がプラスのとき，国内所得＞国内支出であることがわかる。反対に貿易収支がマイナスのとき，国内支出＞国内所得である。

人々が所得を上回る支出を行おうとすれば，その資金を誰かに融通してもらわねばならない。それと同様に，ある国の貿易収支がマイナスの場合，その国では国内所得を上回る支出が行われていることになるが，そのための資金は外国からの資本流入によって賄われる必要がある。反対に貿易収支がプラスの場合，その額に相当する資本流出が発生しているはずである。

したがって，貿易と国際資本移動のあいだにはつぎの関係が成立することがわかる。すなわち，
$$輸出－輸入＝資本流出額－資本流入額$$
$$純輸出＝対外純投資$$
である。ここで，対外純投資(net foreign investment)と呼んでいるのは，資本流出額マイナス資本流入額のことであり，対外資産の純増分（外貨準備の増加を含む）に等しい。

純輸出の推移

以上では，純輸出が総需要の大きさを決める重要な構成要因であることを明らかにした。また，国際収支の観点から純輸出と資本の流出入がどう関係しているかを明らかにした。純輸出という概念が理解されたので，つぎに実際のデータを用いて純輸出がどう動いているかを調べてみよう。

さて，図8-1は日本の1970年以降の純輸出の対GDP比を示す図である。この図によって純輸出の実際の推移を簡単に確認しておこう。原油価格が急騰した73-4年と79-80年を除くと，1970年代以降，日本の純輸出はプラスで推移している。その中でとくに目を引くのは，1980年以降の純輸出の急増である。この動きは1986年まで続いたが，それ以降，純移動はプラスの状態を維持しながら，減少と増加の動きを交互に示している。この図からは純輸出がかなり大きく変動していることがわかる。

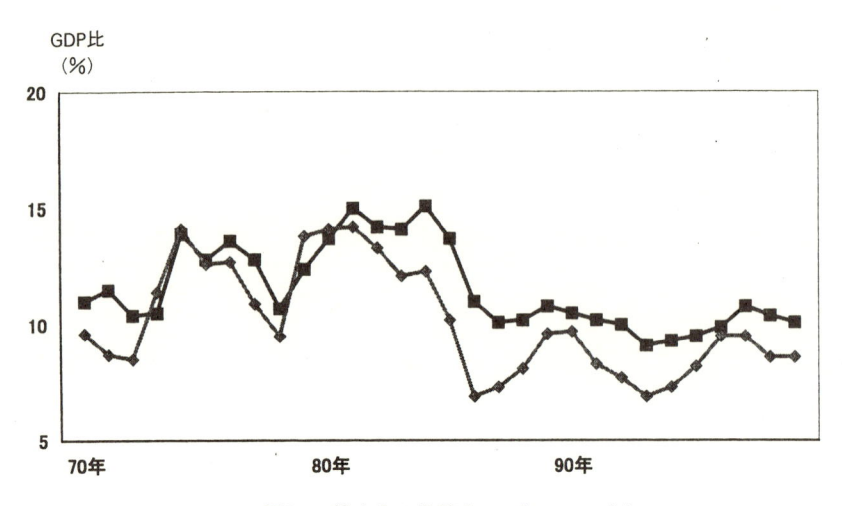

図8-1　輸出入の推移（1975年〜1999年）

資料：内閣府『国民経済計算年報』

　では，どのような要因が純輸出の大きさを決めるのだろうか。また，純輸出は総需要を左右する要因であるが，政府の働きかけによって純輸出の大きさを変えることはできるだろうか。以下，これらの問題を考えてみたい。

8.2　純輸出と国内所得

　純輸出の大きさを決める要因の一つは国内の所得水準である。国内の所得水準が高いと，国内の支出水準はそれだけ高い。したがって，国内支出に占める外国生産物への支出の割合が一定であるとすると，国内所得の水準が高くなれば，当然，外国生産物に対する最終需要も大きくなる。また，所得水準が高いということは，別の見方をすれば，生産水準が高いということでもあるが，生産水準が高いと，外国生産物に対する原材料需要もそれだけ大きいだろう。これらの点から，国内の生産水準が高いと，輸入はそれだけ大きいことがわかる。反対に，国内の生産水準が低いと，輸入は小さい。
　一方，輸出とは国内生産物に対する外国の需要額のことであるから，国内の生産水準との直接的な関係は弱い。むしろ輸出に大きく関係してくるのは外国の生産水準である。上で述べた国内の生産水準と輸入との関係から類推できるように，外国の生産水準が高いと，それだけ輸出は大きくなる。逆に外国の生産水準は輸入に対して直接的な影響をほとんど及ぼさないだろう。

開放経済の均衡雇用水準

さて、国内の生産水準と外国の生産水準は貿易を通じ互いに影響しあうが、ここでは外国の生産水準は一定であると仮定して、国内の生産水準と純輸出との関係を簡単に定式化してみよう。

上の議論によると、純輸出はつぎのように表すことができる。

(8.3)　　$TB = X_0 - myN$

ただし、この式の m は外国生産物に対する国内の支出性向を示す係数であり、一般に輸入性向と呼ばれるものである。$0 < m < 1$ とする。

図 8-2 は、(8.3)式に基づいて、総生産と純輸出の関係を図示したものである。この図に見られるように、国内の総生産が Y^+ を下回る水準にあるとき、純輸出はプラスである。生産水準の上昇とともに純輸出はだんだんと減少していくだろう。そして、国内の生産水準が Y^+ のとき、貿易収支は均衡する。生産水準がさらに高まっていくと、純輸出はマイナスになり、貿易収支はやがて大幅な赤字になると考えられる。

そこで、(8.3)式に基づいて、貿易収支を均衡させる生産水準を計算してみよう。貿易収支が均衡するのは、$TB = 0$ の場合であるから、(8.3)より、貿易収支が均衡する生産水準は $Y^+ = X_0 / m$ であることがわかる。

では、開放経済の均衡雇用水準はどのような大きさに決まるだろうか。つぎに(8.3)式に基づいてそれを求めてみよう。なお、消費、投資、政府支出については第3章で検討した閉鎖経済と同様に考えることにする。

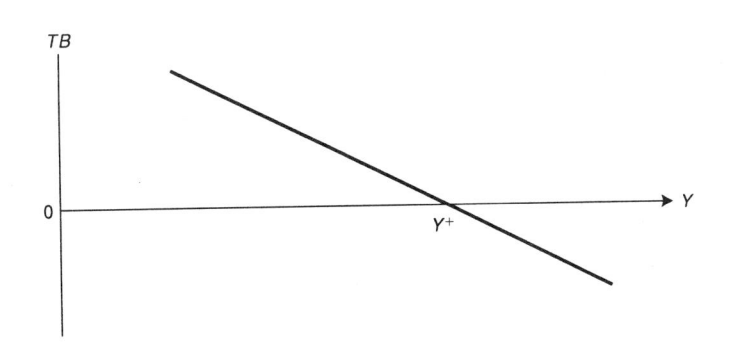

図8-2　総生産と純輸出

(8.2)と(8.3)から開放経済の総需要はつぎのように表すことができる。
$$Y_D = cw(1-t)N + I_0 + G_0 + X_0 - myN$$
他方の総供給についても閉鎖経済と同様に考えると，簡単に総需要と総供給が一致する均衡雇用水準を求めることができるだろう。実際に計算すると，開放経済における均衡雇用水準はつぎのようになる。すなわち，

(8.4) $\quad N = \dfrac{I_0 + G_0 + X_0}{y - cw(1-t) + my}$

である。ここで，(8.4)と第3章の(3.9)を比較すると，開放経済の雇用乗数は閉鎖経済のそれよりも小さくなることがわかる。輸入は外国生産物に対する支出であり，国内生産物に対する支出の漏れを意味するから，これは当然の結果である。

同様に開放経済の均衡生産水準を求めると，

(8.5) $\quad Y = \dfrac{I_0 + G_0 + X_0}{1 - c\,\theta(1-t) + m}$

である。もちろん，この生産水準が貿易収支を均衡させる生産水準（Y^+）と一致する必然性はない。

景気と純輸出

以上では，純輸出と生産（所得）水準とがどう関係しているかを明らかにした。その議論からわかるように，純移動の推移と景気の動向とは密接に関係している。ここでは，景気と純輸出の動きについて簡単に整理しておこう。

景気がいいと総生産の水準は高く，景気が悪いと総生産の水準は低い。したがって，これまでの議論から景気と純輸出にはつぎのような対応関係が見られることがわかる。すなわち，好景気は純輸出の減少をもたらし，反対に不況は純輸出を増加させる。一方，外国経済が好景気であれば，純輸出は増加し，反対に外国経済の不況は純輸出の減少につながる。現代の緊密化した国際経済のもとでも各国の好不況には大なり小なりばらつきがある。したがって，純輸出と外国経済とのこうした関係は国内経済の景気変動を緩和する働きをもつといえるだろう。

一方，各国の政府はその時々の経済の状況に応じてさまざまなマクロ政策を展開している。例えば，景気が悪いと，生産（雇用）水準を高めるために，政府は支出を増やしたり，金融緩和の措置を講じたりする。反対に，景気が過熱して物価上昇の圧力が強まれば，政府は支出を抑制したり，金融を引き締めたりする。こうした政策は，当然，他国の経済にも影響を与える。そして，その効果は純輸出の動きとなってあらわれる。では，景気政策は純輸出の動きにどう作用するのだろうか。純輸出についてさらに詳しく検討した後に，その点を見ることにしよう。

8.3 純輸出と国際競争力

　純輸出に影響を与えるもう一つの要因は，国内生産物の国際的な価格競争力，いいかえれば，国内生産物と外国生産物の相対価格の動きである。例えば，国内生産物が外国生産物に比べて安くなれば，国内生産物に対する外国の需要量は増え，輸出は増加する。一方，割高になった外国生産物に対する国内の需要は減り，輸入は減少する。外国生産物が高価になった分，輸入数量の減少にもかかわらず輸入額が増えることもあるが，その可能性を無視すると，一般に国内生産物の相対価格の低下は純輸出を増加させることがわかる。反対に国内生産物の相対価格が上昇して，国際競争力が弱まると，純輸出は減少するだろう。

相対価格と為替レート

　ところで，相対価格(relative price)とは，一般に，2種類の財の価格比，すなわち別の財で測ったある財の価格のことである。いま，a 財，b 財の二つの財を考え，それぞれの価格を P_a, P_b で表すことにすると，P_a/P_b が a 財の（b 財で測った）相対価格である。例えば，a 財の価格が 5 千円で，b 財の価格が 1 万円であれば，a 財の相対価格は 1/2 である。逆に b 財の相対価格は 2 となる。また，相対価格は，a 財と b 財とが 2 対 1 の比率で交換されること，つまりこの二つの財の交換比率を示している。

　それと同じように，ある国内生産物（日本製品）と同種の外国生産物（米国製品）の相対価格を考えることにしよう。ただし，この場合，国内生産物の価格と外国生産物の価格はそれぞれの国の異なる通貨で測られている。例えば，日本製品の価格は 9 千円であり，米国製品の価格は 100 ドルである。したがって，上の例のようにこの二つをそのまま比較するわけにはいかない。では，どのように比較すればいいだろうか。

　この二つの財の価格の相対比を得るには，まず，それらを共通の通貨に換算し，その上で両者の比を求めねばならない。異なる国の通貨のあいだの換算率（交換比率）がいわゆる為替レート(exchange rate)である。現実にはさまざまな国の通貨がさまざまなレートで取引されているが，以下では簡単のため，自国＝日本，外国＝米国と考え，自国通貨＝円，外国通貨＝米ドルとして話を進めよう。

　いま外国通貨（ドル）と自国通貨（円）の交換比率が 1 対 100 であるとしよう。これは外国通貨 1 単位と自国通貨 100 単位が等しいということであり，1 ドル＝100 円と表すことができる。このような表示法を自国通貨建て（円建て）の為替レート表示という。反対に同じ交換率を外国通貨建て（ドル建て）で表示すると，1 円＝0.01 ドルである。

　ところで，ドルに対する円の価値が上昇（円に対するドルの価値が下落）することを円の増価(appreciation)という。例えば，1 ドル＝100 円という交換比率が 1 ドル＝99 円に変化するケースである。逆に，ドルに対する円の価値が下落（円に対するドルの価値が上

昇）することを円の減価(depreciation)という。例えば1ドル＝100円が1ドル＝101円になるケースである。また，為替レートのこうした変化を円高（ドル安），円安（ドル高）などの言葉で表すことも多いが，円高とは円の増価のことであり，円安とは円の減価のことである。

さて，外国生産物の価格（100ドル）をこのレートで円に換算すると，いくらになるだろうか。1ドル＝100円であるから，円で測った外国生産物の価格は1万円（＝100×100）である。したがって，国内生産物の相対価格は0.9（＝9千円÷1万円）となる。日本製品の価格をドルに換算して(9000×0.01＝90ドル)，相対価格を求めても結果は同じである（90ドル÷100ドル＝0.9）。この計算手続きを整理すると，

$$\text{国内生産物の相対価格} = \frac{\text{国内生産物の価格（円）}}{\text{為替レート（円建）} \times \text{外国生産物の価格（ドル）}}$$

である。また，同じことであるが，ドルに換算して国内生産物の相対価格を求めると，

$$\text{国内生産物の相対価格} = \frac{\text{為替レート（ドル建）} \times \text{国内生産物の価格（円）}}{\text{外国生産物の価格（ドル）}}$$

である。

ある国内生産物と同種の外国生産物の相対価格を考えたが，これと同様の考え方に基づいて，より包括的な国内生産物と外国生産物との相対価格を定式化してみよう。

為替レート（外国通貨1単位あたりの自国通貨）を e，国内の物価水準を P，外国の物価水準を P^* とすると，国内生産物の（外国生産物で測った）相対価格（ε）は，つぎのような式で表すことができる。

$$(8.4) \quad \varepsilon = \frac{P}{eP^*}$$

(8.4)式の e は円建ての為替レートであるから，e が大きくなることは，自国通貨の減価（円安）すなわち外国通貨の増価（ドル高）を意味する。

ところで，自国通貨（円）が国内（日本）でも外国（米国）でも同じ購買力をもつとき，つぎの関係がなりたつ。

$$(8.5) \quad \frac{1}{P} = \frac{1}{eP^*}$$

円の購買力は1円で購入できる国内生産物の量であり，それは $1/P$ によって表される。また，1円が $1/e$ ドルに等しい価値をもつとすると，1円の米国での購買力は $(1/e)/P^*$ である。このことから，円が国内でも外国でも同じ購買力をもつとき，上式がなりたつことがわかる。ところで，(8.5)式をなりたたせるような為替レートの水準を指して，購買力平価(purchasing power parity 略してPPP)という。(8.5)を書きかえると，

$$(8.6) \quad \frac{P}{eP^*} = 1$$

であり，このとき国内生産物の相対価格は一定となる。したがって，購買力平価が成立する場合には，近似的につぎの式が成り立つ。

為替レート(e)の変化率＝国内のインフレ率－外国のインフレ率

相対価格の決定因

(8.4)式によると，国際競争力すなわち国内生産物の相対価格は為替レートと国内物価と外国物価の比率という二つの要因に依存している。一方，物価に関する前章の議論によると，物価を決めるのはマークアップと単位労働費用（賃金率／労働生産性）である。すなわち(7.2)式によると，国内物価(P)は，

$$P = \mu (w/z)$$

である。それと同様に考えると，外国物価(P^*)は，

$$P^* = \mu^* (w^*/z^*)$$

で表される。ただし，添字のアステリスクは外国を示す。これらを(8.4)に代入して整理すると，

$$(8.7) \quad \varepsilon = (1/e)(\mu/\mu^*)(w/w^*)(z^*/z)$$

である。

(8.7)は国内生産物の相対価格が為替レート，マークアップ，賃金率，労働生産性などの動きとともに変化することを示している。例えば，自国通貨が増価する（eが小さくなる）と，国内生産物の相対価格は上昇し，国際競争力は低下する。反対に自国通貨が減価すると，国内生産物の相対価格は低下する。また，賃金率やマークアップが自国でのみ上昇した場合，国内生産物の相対価格は上昇し，国際競争力は低下する。それとは反対に労働生産性が自国でのみ上昇した場合には，国内生産物の相対価格は低下する。

国際競争力，すなわち国内生産物の相対価格はこのようにさまざまな事情で変化することになるが，国内生産物の相対価格の上昇は，上で述べたように，純輸出を減少させ，ひいては総需要を減少させる。反対に，国内生産物の相対価格の低下は純輸出を増大させ，ひいては総需要を増大させるだろう。

一方，相対価格の変化はそのような効果と並んで，総供給すなわち国内の生産条件にも影響を与えるだろう。例えば，相対価格が上昇すると，輸入される外国生産物（原材料や食料）は以前より割安になる。その結果，国内の生産費は低下する。賃金率やマークアップに変化がないとすると，これは物価水準を低下させる要因となる。反対に相対価格の低下は輸入財を割高にして国内の生産費を押し上げる効果をもつから，国内物価を上昇させる要因である。また，国内物価のなかには輸入財の価格も含まれているから，輸入財が割安になると，その分国内の物価水準は低下するし，反対に輸入財が割高になると，その分国内の物価水準は上昇するだろう。物価水準のこうした動きはいずれも当初生じた相対価格の変化を反転させる動きである。

純輸出と相対価格の動き

では，実際に日本の国内生産物の相対価格はどのように変化してきたのだろうか。その点を見たのが図 8-3 である。この図には，1973 年以降の，為替レート(e)，国内生産物の相対価格(ε)および購買力平価(PPP)の動きが示されている。

図 8-3 によると，1975 年〜78 年，1985 年〜88 年，そして 1990 年〜95 年に，国内生産物の相対価格は大きく上昇している。これが主として急激な円高に起因していることは図より明らかだろう。上の説明によると，国内生産物の相対価格が上昇した場合，純輸出は減少する。ところが，相対価格と純輸出とを対比させた図 8-4 を見ると，その説明に反するような動きが確認される。例えば，1985 年から 1986 年にかけての動きを見ると，急激な円高により国内生産物の相対価格が大幅に上昇したのに対して，純輸出はむしろ増大している。また，それとは逆に，1995 年から 1996 年にかけて国内生産物の相対価格が大きく低下したのに，純輸出はかえって減少している。

輸出や輸入が価格と数量という二つの変数によって決まることを思い起こそう。輸出財価格を Px，輸出数量を Qx，自国通貨で測った輸入財価格を Pm，輸入数量を Qm とすると，$X = PxQx$，$M = PmQm$ であり，純輸出は，

$$TB = PxQx - PmQm$$

である。ここで簡単のため，$Px = P$，$Pm = eP^*$とすると，純輸出はつぎのようになる。

$$TB = PQx - eP^*Qm$$

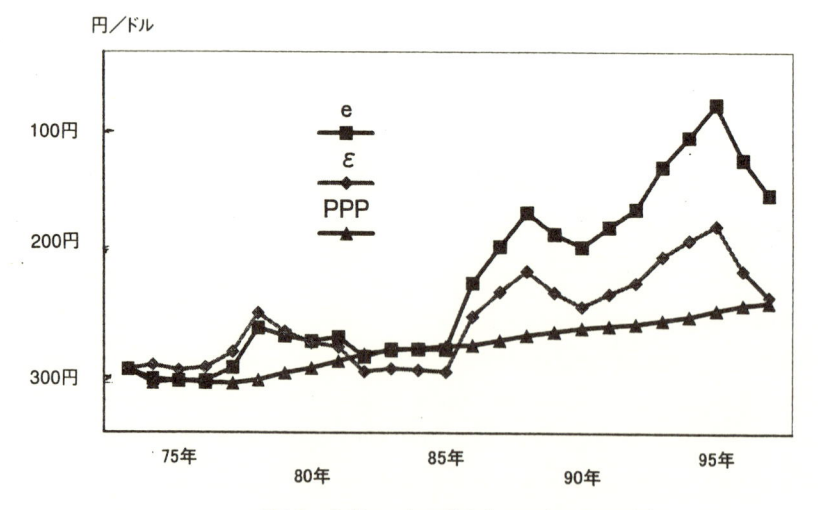

図8-3 為替レートの動き(1973年〜1997年)

注：1973年に為替レート(e)が購買力平価に一致していたと仮定してその後の動きを追っている。物価指数として日米のGDPデフレーターを用いた。
資料：厚生労働省『労働統計要覧』。OECD, *Economic Outlook*, 63.

したがって，純輸出（TB）を国内物価（P）で割った実質純輸出（TB'）はつぎのように表されるだろう。

$$TB' = Qx - (eP^*/P)Qm$$
$$= Qx - (1/\varepsilon)Qm$$

さて，自国通貨が増価した，すなわち e が低下した，としよう。国内物価にも外国物価にも変化がないと仮定すると，これは国内生産物の相対価格（ε）を上昇させる。反対に，外国生産物の相対価格（$1/\varepsilon$）は低下するだろう。その結果，純輸出はどう変化するだろうか。結果は輸入数量と輸出数量がどう動くかで違ってくる。

外国生産物の相対価格が低下した場合，もしも輸入数量に変化がないとすると，上の式からわかるように，自国通貨ではかった輸入は減少する。輸出数量も変わらないとすると，自国通貨の増価の結果，明らかに純輸出は増加する。

しかし，当初はこのように純輸出の増加をもたらすにしろ，この状況は長くは続かないだろう。割高になった国内生産物の輸出数量が減るとともに，割安になった外国生産物の輸入数量が増大していくと考えられるからである。この数量効果が作用すれば，輸出の減少と輸入の増加がもたらされ，最終的に純輸出は減少する。

国内生産物の相対価格が低下した場合にも同様の反応の遅れが生じるだろう。すなわち相対価格の低下とともに純輸出は当初減少するものの，数量面の変化を通じてやがては増加に転じる。これらはJカーブと呼ばれる現象であるが，図 8-4 の相対価格と純輸出の推移にもその影響をうかがうことができる。

以上，国内生産物の相対価格が純輸出にどう影響するかを検討してきた。そこでは国内生産物の相対価格が純輸出とは独立に決まるかのように話を進めてきたが，現実には国内生産物の相対価格を決める為替レートは純輸出の動きによって大きく左右される。つぎに為替レートがどのような要因によって決まるかを考えよう。

為替レートと純輸出

為替レートに関するルールとしては，大きく，固定相場（fixed exchange rate）制と変動相場（flexible exchange rate）制の二つのタイプがある。現在，日本を含む多くの国々で変動相場制が採用されている。この制度のもとでは，政府が為替レートを決める固定相場制とは異なり，望ましい為替レートを維持するためにしばしば政府の介入が行われるものの，為替レートは原則として外国為替市場（foreign exchange market）での自由な変動にゆだねられている。外国為替市場とは自国通貨と外国通貨が取り引きされる市場のことである。では，何が為替レートの動きを規定しているのだろうか。

為替レートの動きを左右するのは外国通貨に対する需給バランスの変化である。外国通貨に対する需給は自国通貨に対する需給と裏腹の関係にあるから，自国通貨に対する需給バランスの変化が為替レートを動かしていると考えても，同じことである。例えば，円と

ドルが取引される市場を考えよう。人々がこの市場に円を供給するのはドルを需要するからである。反対に、円を需要する人々はそれと交換にドルを供給する。つまり、円の供給量はドルの需要量に等しく、円の需要量はドルの供給量に等しい。したがって、外国為替市場には需要者と供給者という立場の区別はない。その違いは現在保有する通貨と希望する通貨の違いでしかない。

　では、外国通貨に対する需要や供給はどこから生まれてくるのだろうか。外国通貨に対する需要は、まず、外国生産物に対する国内の購入希望から生まれる。国内の人々が外国生産物を買う場合、その支払いには外国通貨が必要であり、自国通貨と引き換えに外国通貨を入手せねばならないからである。これとは反対に、外国の人々が国内生産物を買う場合、その支払いには自国通貨が必要であり、国内生産物に対する外国の購入希望からは外国通貨の供給が生まれる。

　したがって、純輸出が縮小すると、他の事情に変化がないかぎり、外国通貨に対する需要は増えることになるから、結果的に外国通貨の増価をもたらす。反対に純輸出の増大は外国通貨の減価をまねく。一方、上で述べたように、純輸出は国内の生産水準や国内生産物の相対価格に依存している。これらの点から、国内の生産水準の上昇や国内物価の上昇は一般に外国通貨を増価させる要因であることがわかる。

為替レートと利子率

　しかし、人々が外国通貨を求めるのは外国から生産物を買うためだけではない。外国通貨に対する需要は外国にお金を貸すという目的からも生まれる。例えば、人々が外国の債券を購入しようとすれば、外国生産物を買う場合と同様、まず自国通貨と引き換えに外国通貨を入手せねばならないからである。反対に、外国の人々が国内の債券を買うには自国通貨を購入せねばならず、国内の債券に対する外国の需要からは外国通貨の供給が生じる。

　したがって、国内の債券をもつより外国の債券をもつ方が有利になれば、外国の債券に対する購入希望が強まり、外国通貨に対する需要は増える。一方、国内の債券に対する外国の購入希望は弱まって、外国通貨の供給は減る。したがって、そのような事態が生じた場合には外国通貨の増価をまねくだろう。これに対して、国内の債券を保有する方が有利になれば、外国通貨に対する需要は減り、外国通貨の供給は増えることになるから、外国通貨の減価をまねくだろう。

　では、国内の債券が有利か、外国の債券が有利か、を決めるものは何だろうか。つぎの簡単なケースで考えてみよう。いま、自国通貨建ての国内債券の利子率は i であるとする。一方、外国通貨建ての外国債券の利子率は i^* である。また、現在の為替レートは $e(0)$ であり、1期後の為替レートは $e(1)$ であるとしよう。このような条件のもとで債券の購入を計画している。

　1円で国内債券を買うと、1期後に元利あわせて $(1+i)$ 円になるはずである。一方、

同じ満期の外国（米国）債券を買った場合はどうなるだろうか。まず，現在の為替レートで1円をドルにかえると，$1/e(0)$ドルである。つぎにその金額で米国債券を買うと，1期後に元利あわせて$(1+i^*)/e(0)$ドルになる。さらにこの元利合計をそのときの為替レートで円にかえると，$e(1)[(1+i^*)/e(0)]$円になる。

以上をまとめると，1期後の元利合計はそれぞれつぎのようになる。

$$国内債券の元利合計 = (1+i)円$$

$$外国債券の元利合計 = (1+i^*)\left[\frac{e(1)}{e(0)}\right]円$$

この二つの式を見比べればわかるように，国内債券が有利か，外国債券が有利かを決めるのは，基本的に，内外の金利差と為替レートの動向である。他の事情が変わらないかぎり，外国の利子率が相対的に高くなれば，外国の債券をもつ方が有利になるから，外国債券に対する需要は増加する。反対に国内の利子率が高くなれば，国内の債券を購入した方が有利になるから，国内債券に対する需要は増加する。

以上より明らかなように，純輸出の動きとは別に，利子率の動きが為替レートの変動に大きな影響を与える。利子率の上昇は国内債券の需要増加を通じてその国の通貨を増価させる。反対に，利子率の低下はその国の通貨を減価させる効果をもつだろう。

ところで，上の式では1期後の為替レートが$e(1)$で表されている。しかし，それが実際にどのような値になるかは現在の時点ではわからない。つまり，それはあくまでも予想値にすぎない。例えば，実際の為替レートがその値を上回る（自国通貨が予想以上に減価する）ことになれば，外国債券の購入者は為替差益の発生によって予想を上回るリターンを得ることになるし，反対に実際の為替レートが予想値を下回る（自国通貨が予想以上に増価する）ことになれば，為替差損により予想外の損害を受けることになるだろう。

このようにある国の通貨が減価すると，その通貨をもっている人は損失を被る。逆に，それが増価すると，その人は利益を得るから，人々は増価しそうな通貨を手にいれ，減価しそうな通貨を手放そうとする。したがって，為替レートの予想は外国為替市場の需給関係に大きな影響を及ぼすことがわかる。このように為替レートの動きは，為替レートに関する予測それ自体によって大きく左右されるのである。

8.4 雇用と純輸出

前節までの議論を通じて，純輸出がどのような要因によって決まるかが明らかになったので，ここであらためて純輸出と雇用との関係について検討してみよう。

さて，純輸出が大きければ，それだけ総需要は大きく，雇用水準も高くなる。いまこの点に注目すると，つぎのような雇用拡大政策が考えられる。すなわち，政府が純輸出を拡

大することで国内雇用を高めるというやり方である。

純輸出と貿易政策

　まず，その一つの方法として，政府が輸入財に対して関税(tariff)をかけるという政策を考えてみよう。他の事情に変化がなければ，この政策の結果，輸入財は高価になり，国内の需要は外国生産物から国内生産物にシフトする。したがって，純輸出は増大するだろう。政府が関税や輸入割当，さらには輸出奨励などの手段を使って輸入量や輸出量を直接間接にコントロールする政策のことを貿易政策(trade policy)と呼ぶが，そのような政策には純輸出の増大を通じて国内の雇用水準を高める効果が期待されるのである。

　輸入関税を引き上げたり，為替レート（自国通貨の価値）を切り下げたりして，純輸出を拡大し，国内の雇用（生産）水準を高めよう，というのは古くからある考え方である。この政策は近隣窮乏化(beggar-thy-neighbour)政策などと呼ばれることもあるが，その原型は16・17世紀のヨーロッパで行われた重商主義(mercantilism)にまでさかのぼることができる。以来，今日まで，純輸出を増進することで自国の生産を拡大しようとする政策がさまざまな国の政府によって実際に試みられてきた。しかし，そうした政策はつねに有効であったわけではない。

　そもそもすべての国が純輸出を同時に増やすことは不可能である。ある国の貿易収支が黒字であるということは，他のどこかの国の貿易収支が赤字であることを意味する。自国の純輸出が増えれば，当然，外国の純輸出は減少する。したがって，貿易政策が純輸出を増やし，国内雇用の拡大をもたらすにしても，それは，いうならば，外国を犠牲にした雇用拡大である。そのような政策は失業の輸出だとして外国の反発をまねきやすい。もしも外国がその報復として輸入財（自国の国内生産物）に高い関税をかければ，今度は自国の輸出が減少する番である。その場合は，貿易量の縮小により，自国の純輸出はかえって減る可能性が高い。

　また，外国が報復措置をとらなくとも，このような政策には明らかな限界がある。純輸出は国内総生産や国内生産物の相対価格の動きによって規定されており，貿易政策の展開はこれらのマクロ条件に影響を与えずにはおかないからである。例えば，輸入抑制や輸出促進によって一時的に純輸出の増大がもたらされたとしても，そのような政策は，為替レートや物価への影響を通じて，国内生産物の相対価格を上昇させ，最終的には純輸出を減少させるよう作用する可能性がある。

開放経済とマクロ政策

　このように考えると，雇用拡大のための基本は，やはり，財政政策や金融政策による総需要の拡大ということになる。そこで，最後に，為替レートや純輸出に及ぼす効果に注意しながら，第4章で見たマクロ政策（雇用拡大政策）が開放経済のもとでどう作用するか

を検討してみよう。

　さて,経済が低迷して低雇用の状態にあるとき,生産費用は低く,生産物の価格も安い。国内生産物が外国生産物に比べ割安であれば,国際競争力をもち,輸出は促進される。一方,所得水準が低く,輸入は低い水準にとどまるため,低雇用状態の経済では純輸出は大きい値をとるのが普通である。

　このような状況で政府が雇用水準を高めるために拡大的な財政政策をとったとしよう。これはどのような効果をもたらすだろうか。第4章で説明したように,政府支出の増加は総需要を押し上げ,雇用(生産)水準を高める。しかし,雇用(生産)水準の上昇とともに,輸入は増加し,純輸出は次第に縮小していく(図8-2)。

　雇用(生産)水準がさらに上昇していくと,やがて費用面の圧力から国内物価(P)が上昇する可能性が高い。国内物価の上昇は,自国通貨の減価によってその効果が打ち消されないかぎり,国内生産物の相対価格(ε)の上昇をまねいて,純輸出を減少させるだろう。さらに雇用が拡大して,完全雇用水準に近づくにつれて,政府支出の増加は利子率の上昇をもたらす可能性が高いが,利子率が上昇した場合,その効果によって自国通貨は増価する。これは純輸出をさらに大きく落ち込ませる要因であり,雇用水準を押し下げる方向に働くであろう。

　一方,中央銀行による金融緩和策はどのような効果をもたらすだろうか。第5章で見たように,金融の緩和によって,利子率が低下し,投資需要が拡大することになれば,雇用(生産)水準は上昇する。そして,それに伴い輸入も増加するだろう。しかし,金融緩和策は純輸出の減少をもたらすとは限らない。上で述べたように,利子率の低下には自国通貨をただちに減価させる働きがあるからである。この効果が強く作用した場合には,結果的に国内生産物の競争力は高まり,むしろ純輸出は増大する可能性がある。反面,金融緩和により国内物価が上昇することになれば,これは輸入を拡大させ輸出を抑えるから,純輸出にはマイナスの効果を与える。純輸出がどう動くかは,結局,これらの合成効果で決まるだろう。

　開放経済での政府や中央銀行による拡張的マクロ政策はこうして国際面からさまざまな制約をうけることになるのである。そうした事情のため,政府が高い雇用(生産)水準のもとでさらに雇用の拡大をはかろうとすると,結果的に外国の雇用を増やすだけで,国内の雇用はほとんど増えないという状況すら生まれる。このような状況では,国内雇用の拡大にとってはむしろ外国の需要拡大が重要だということで,外国政府に対して雇用維持のための政策協調を求める声が一段と強まるだろう。

おもな参考文献

(1) Blanchard,O., *Macroeconomics*,Prentice Hall,1997.
(2) Bowles,S and R.Edwards, *Understanding Capitalism*,Second Edition,Harper Collins,1993.
(3) Colander,D. *Macroeconomics*,Second Edition,Irwin,1995.
(4) Maddison,A., *Monitoring the World Economy*,OECD,1995
(5) OECD, *Labour Force Statistics* 1977-1997,OECD,1998
(6) OECD, *OECD Economic Outlook*,OECD.
(7) Wray,R., *Understanding Modern Money*,Edward Elgar,1998.
(8) 厚生労働省大臣官房統計情報部編『労働統計要覧』，大蔵省印刷局，各年。
(9) 内閣府編『経済財政白書』，大蔵省印刷局，各年。
(10) 内閣府経済社会総合研究所編『経済要覧』，大蔵省印刷局，各年。
(11) 内閣府経済社会総合研究所編『国民経済計算年報』，大蔵省印刷局，各年。
(12) 日本銀行金融研究所『新しい日本銀行』，有斐閣，2000年。

索　引

[あ]
赤字支出　45
安定化政策　75
移転支出　17,45
インフレーション　88
インフレ率　89
円高　93,106
円建て　105
円安　106
オペレーション　66,69

[か]
外貨建て　105
外国為替市場　109
開放経済　99
価格調整　27
額面価格　52
家計　16
貸し出し　18,62
可処分所得　32
稼働率　54,78
貨幣　25,52,57
貨幣の価値　94
貨幣の価値尺度機能　58
貨幣の価値保蔵機能　58
借り入れ　18,44,52
為替レート　105
為替差益（損）　111
関税　111
間接税　16
企業　16

企業物価指数　86
技術　22,28
技術進歩　22
期待利潤率　50,82
機能的所得分配　15
銀行　59,61,82
銀行貨幣　60
均衡雇用水準　37
均衡生産水準　37
銀行準備　64
金融　52
金融サイクル　82
金融システム　67
金融政策　67,75,112
金融緩和策　68,75,113
金融引き締め策　68,75,83,94
金利　52,64,69
近隣窮乏化政策　112
景気回復　81
景気後退　72
景気循環　72
景気政策　75
景気の過熱　75
経済成長　19
経常取引　100
ケインズ　43
減価　106
減価償却　16,82
現金　59
公開市場操作　69
交換比率　105

115

好況　71
公共財　44
鉱工業生産指数　71
高雇用　79
公債　45
公定歩合　66,69
購買力平価　106
国際競争力　105
国際収支　100
国内生産物の相対価格　106
国内総生産　14
国民経済　9
固定資本減耗　14
固定相場制　109
雇用乗数　37,39
コール市場　64
コールレート　64,69
雇用率　80

［さ］
債券　44
債券価格　53
債券利子率　52
在庫投資　17
最後の貸し手　65,84
最終生産物　12
財政赤字　76
財政政策　45,75,112
裁定取引　53
最低要求賃金　78
債務不履行　84
産業　11
産出・資本比率　78
産出乗数　40
Jカーブ効果　109

市場清算　26
失業　8,37,41,76,78
失業の輸出　112
失業保険制度　76
失業率　42,80,92,97
実質GDP　20,86
実質所得　95
実質成長率　21
実質利子率　53,96
実物投資　49
GDP　14
GDPデフレーター　86
自動安定化装置　76
支払い手段　58
資本財　17,22
資本主義経済の自然回復力　42
資本投入係数　28
資本取引　100
社債　52
収益（性）　62,80,81,83
周期　72
就業者　77
集計的経済変数　8
重商主義　112
住宅投資　17,50
純生産物　14
純投資　22
準備率　69
純輸出　18,99
償還期間　52
証券投資　49
消費　17,31
消費者物価指数　85
消費性向　32
所得　15,31

所得再分配効果　95
所得補填率　79
所有権　23
人口増加率　24
人的資本　22
信用収縮　83
信用創造　63
信用度　82
数量調整　27
税　16,44
生産年齢人口　21
政治経済学　8
成長率　19
制度　23
セイの法則　26
政府　16,43,66
政府支出　17,33,44
政府預金　64,67
税率　32
設備投資　17
潜在的生産水準　29
増価　105
総供給　27,34
総需要　31,34,36
総生産　14
総生産物　11
相対価格　105
粗生産物　12
粗利潤　16

[た]
対外純投資　101
谷　72
単位費用　91
単位労働費用　91

中央銀行　59
中央銀行貸し出し　66
中央銀行当座預金　60,64
中間生産物　12
超過供給　27,36
超過需要　27,36
長期金利　52,69
直接税　16
貯蓄　32
賃金　15
賃金分配率　40,92
賃金率　32,78
デフォルト　45
デフレーション　88
低雇用　78
投資　17,32,49
投資関数　54
投資の乗数効果　40,74
投資の生産力効果　50
独立支出　47
ドル建て　105

[な]
内部留保　16,51,82
日本銀行　59

[は]
ハイパーインフレーション　94
パーシェ指数　87
派生需要　42
バランスシート　62
不況　71
負債　48
物価　20,85
物価指数　85

分業　25
閉鎖経済　31
変動相場制　109
貿易収支　18,100
貿易政策　112
法定貨幣　60
法定準備率　64

［ま］

マイナス成長　19
マクロ経済　7,9
マクロ経済学　7
マクロ経済均衡　37
マクロ経済政策　9
マークアップ価格　91
マネーサプライ　60
マネタリーベース　60
満期　52,110
ミクロ経済学　7
名目GDP　20,86
名目所得　95
名目利子率　53,96

［や］

山　72
輸出　17,99

輸入　18,99
輸入財　92,107
輸入性向　103
輸入割当　112
要求払い預金　59
預金　59

［ら］

ラスパイレス指数　86
利子率　52,95
利潤　8,15,36,51
利潤乗数　40
利潤分配率　40,43,77
利潤マージン　91
利潤率　50,77
流通速度　82
累進税　76
労資の交渉力　42,78
労働市場　41
労働需要　41
労働生産性　22,29,92,107
労働投入係数　28
労働力人口　21
労働力の質　22
労働力率　21
労働力の相対的過剰　29,37

■著者紹介

式部　信（しきぶ・まこと）

1951年　広島県生まれ。
大阪市立大学大学院経済学研究科修了
現在　広島県立大学経営学部助教授

マクロ経済学

2003年4月25日　初版第1刷発行

■著　者──── 式部　信
■発行者──── 佐藤　守
■発行所──── 株式会社 大学教育出版
　　　　　　　〒700-0953　岡山市西市855-4
　　　　　　　電話 (086) 244-1268　FAX (086) 246-0294
■印刷所──── サンコー印刷(株)
■製本所──── 日宝綜合製本(株)
■装　丁──── ティー・ボーンデザイン事務所

Ⓒ Makoto Shikibu 2003, Printed in Japan
検印省略　　落丁・乱丁本はお取り替えいたします。
無断で本書の一部または全部を複写・複製することは禁じられています。

ISBN4-88730-527-3